打开国家相册
重温历史记忆

CHINA ALBUM

國家相册

典藏版

改革开放四十年的家国记忆

新华社《国家相册》栏目组　编

商务印书馆
SINCE 1897
The Commercial Press

序言

何平 | 新华社总编辑

"历史是最好的教科书"。

审视中华民族从站起来、富起来到强起来的波澜壮阔历程，一个历史现象值得深入探究：从前所未有的沉沦境地到前所未有地接近伟大复兴梦想，这其中蕴含着怎样的历史昭示？从"开天辟地"的初心到"改天换地"的壮举，我们党领导亿万人民进行着怎样气壮山河的伟大奋斗？

历史，有其自身的发展轨迹与演进规律。

欲读懂当代，就不能不深入了解中国百年来的历史发展脉络。

欲走向未来，就不能不从历史前进的必然逻辑中获得思想启迪。

从宽泛意义上讲，凡过去发生的一切皆构成历史。然而，作为历史的记录者总是有所选择。只有那些具有典型意义，能够反映时代特征，甚至可以改变历史走向的事件、人物、场景，才值得去记录，去聚焦，去抒写。

那些忠实记录历史的人，就是新闻工作者。

他们手中拿着两样武器：笔和镜头。相对于前者，后者的表现力更加真实、形象、生动。宏大的历史叙事，被浓缩于一幅幅照片所定格的一个个历史瞬间——或是一个动人表情，或是一个经典场景，或是一个生活细节，使得人们在领略浩荡奔腾的历史大潮的同时，也可以看清其中的一朵朵微小浪花。

鲜为人知的是，在新华社中国照片档案馆中，珍藏着自 1892 年以来上千万张历史照片。这些照片的背后，体现的是无数新闻工作者特别是新华社记者对历史的担当、对祖国的热爱、对人民的情怀。

如果说，私人相册是一个家庭的个体记忆，那么，国家相册则是一个民族的集体记忆。遗憾的是，这些弥足珍贵的照片长期以来一直默默地沉睡在档案馆的铁皮柜里。

重新唤醒民族的集体记忆，是新华人义不容辞的历史使命。

2016 年建党 95 周年前夕，一部由新华社倾情制作的微电影《红色气质》横空出世，一时成为"现象级"作品。一代代中国共产党人为美好理想而奋斗、求索、牺牲的崇高精神气质，被高度浓缩在 9 分 5 秒的短片中，震撼了无数人的心灵。而此片的影像素材，主要来自中国照片档案馆。

随后，一个由新华社精心打造的《国家相册》系列融媒体节目在网络上连续推出，一经上线，便成为“刷屏之作”。节目通过新华社领衔编辑陈小波的讲述，对中国照片档案馆馆藏照片背后的故事进行再采访、再挖掘、再解读，并运用新的技术手段让这些静态的照片活起来、动起来、亮起来，以小故事讲述大历史，以小细节呈现大时代，让百年历史风云通过每期几分钟的微纪录片穿越时空，与当代人对话。

国史沧桑百年间，家世沉浮梦如烟。相濡以沫涛头里，册页历历史绵绵。大千气象存此照，美丑真伪皆昭然。无限定格于有限，言犹未尽还无言。

照片虽无言，历史却有声。因为，历史是有生命、有温度、有灵魂的。

《国家相册》迄今已播放 100 集，浏览量超过 21 亿次，反响之强烈出乎意料。节目播出后，一些出版社纷纷表示，希望能将《国家相册》编辑成书。于是，就有了与商务印书馆的携手合作。

千百年来，历史总是在“铭记”与“遗忘”之间摇摆。因此，珍视历史、尊重历史、铭记历史就显得尤为重要。

习近平总书记指出：“一切向前走，都不能忘记走过的路；走得再远、走到再光辉的未来，也不能忘记走过的过去，不能忘记为什么出发。”

诚哉斯言。

将中国百年来跌宕起伏、风云激荡的历史以图片的形式呈现给读者，就是为了让人们始终不忘中华民族经历的苦难与辉煌，倍加珍惜改革开放特别是新时代取得的历史性成就、发生的历史性变革，永远铭记党领导亿万人民创造的彪炳史册的千秋伟业。

这就是我们编辑出版此书的初衷，也是向改革开放 40 周年的深情献礼。

是为序。

2018 年 10 月

目 录

1977 年

中断了 11 年的高考恢复

给数千万困苦彷徨的青年带来了希望

改变了一代人的命运

也改变了中国

扫这里
看《国家相册》视频

讲述人：陈小波　导演：徐壮志　撰稿：双瑞　后期统筹：曹晓丽

第一篇 高考四十年

▲ 1977 年 8 月 4 日，邓小平在人民大会堂主持召开了科学和教育工作座谈会。这次会议决定，恢复中断了 11 年的高考制度。

- 新华社记者 王新庆 摄

1977年8月，邓小平主持召开科学和教育工作座谈会，会议决定恢复中断了11年的高考。

中国科学院院士查全性是当年参会的33名代表之一，他回忆说：

> 这个会议最重要的决定就是恢复高考，也是整个会议最重要的一句话。
>
> 头两天，整个会议的气氛比较沉闷。大家觉得如果恢复高考，在考试组织、资料审核等方面都存在困难。我一开始就提出，首先还是要把考试这个制度确定下来。小平同志说今年的招生可能来不及了，但是我还是希望可以在今年就组织招考。
>
> 最后小平同志问时任教育部部长刘西尧这件事情的可操作性，刘西尧说只要中央下决心，事情就能办得成。

▲ 1977 年，中国科技大学成立少年班，招收了 21 名少年大学生。这是少年班的学生在上物理实验课。
– 新华社稿

▲1978 年 3 月，清华大学 77 级新生坐在阶梯教室里上课。

- 新华社记者 顾德华 摄

1966年“文化大革命”开始后，我国全面停止了高考。只有少数工农兵学员可以通过推荐进入大学。

1968年起，1000多万城市初中、高中生离开学校，插队到农村，他们被称为“知识青年”。那时，“读书无用论”盛行，国家教育体系遭到巨大破坏。

1977年，“文革”结束后再次复出的邓小平，推动的第一件大事，就是恢复高考。

如春天的第一声惊雷，高考，给数千万在困苦中彷徨的中国青年带来了希望。

正在塔克拉玛干沙漠边缘插队的艾娣雅·买买提，是在田间劳动时得到消息的：

> 这个消息传来时，我们正走在乡间的土路上。那是盐碱地，两边都是白杨树，偶尔会有老乡的毛驴车经过，那一路我们是非常高兴地走下来的。

正在福建龙岩农村插队的刘海峰听到取消单位推荐、统一组织考试的消息，一下子感到“忽如一夜春风来，千树万树梨花开”：

> 很多“老三届”，把还没扔掉的课本教材拿出来学。社会上出现了很多刻蜡版印的复习资料，都被一抢而空。新华书店书一到，就被排队买走。全社会都在议论高考。

▲ 1978 年春，北京大学迎来恢复高考后录取的第一批新生。

- 新华社稿

1977 年冬天，570 万考生走进考场。经过 11 年积压，师生、夫妻甚至父子同时参加高考的现象都不罕见。考生中，年龄最大的 37 岁。

27 万余人通过此次高考进入大学校门。此后的 1978、1979 年，又先后有 68 万余人考入大学。他们被称为恢复高考后的“新三届”。

▲ 1977 年冬天，参加高等学校入学考试的青年正在认真答卷。这次考试规模之大，在当时不仅创造了中国教育史上的最高纪录，亦堪称世界之最。

- 新华社稿

▼ 1978 年 3 月，北京师范大学 77 级新生在学习中交流。
- 新华社稿

▸ 1979 年全国高考中，上海师大二附中的应届毕业生应志强（左一）总分数为 454 分，名列理科全国第一名，被录取到北京大学物理系；北京知青、云南省昆明市《边疆文艺》编辑王友琴（右一）总分数为 453 分，名列文科全国第一名，被录取到北京大学中文系。

- 新华社记者 杨武敏 摄

▲1980年，浙江省镇海县13岁少年施展（左），以465分的优异成绩考上中国科技大学数学系。这是上大学前，施展带着弟弟在草地上放鹅。

- 新华社记者 徐邦 摄

▲ 1981 年，河南省武陟县圪垱店公社高中应届毕业生 16 岁的孪生姐妹丁爱菊（右三）、丁爱莲（左三），双双考取清华大学物理系。

– 新华社记者 严世昌 摄

▲ 1979 年 7 月，在登黄山途中，邓小平为闻讯赶来的大学生签名留念。

- 新华社稿

1979 年 7 月，75 岁的邓小平在登黄山途中，被几名大学生认了出来。其中一位是复旦大学 78 级学生王晓望，她回忆：

> 我说我是复旦大学新闻系的学生，刚上大学，后面还有两个同学都是老三届的，他们考上大学非常不容易，特别想见到您。

王晓望说出的，是一代因为恢复高考而改变命运者的心声。

> 然后我又问小平同志：能不能一起合影留念？能不能给我们签个字？当时都有学生证，就说签在学生证上吧。小平同志非常高兴，说没问题，把我们几个学生证都签上字，还一起照了张照片。
>
> 小平同志给人感觉非常亲切。他问我们上大学之后的情况怎样，感受怎样。我们向他表达了青年学子能上大学的激动心情，讲了我们的收获。作为决策者，那一次，他从受益者身上得到了最直接的反馈。

1977年是“文革”刚刚结束、思想禁锢尚待全面解除的时刻，恢复高考吹响了解放思想、解放生产力的第一声号角。第二年，1978年3月，全国科学大会召开，强调“科学技术是生产力”；1978年5月11日，《光明日报》刊发《实践是检验真理的唯一标准》，引发关于真理标准的大讨论；1978年12月，十一届三中全会做出了改革开放的决策。

伴随着改革开放，这一代大学生中，许多人都成为了各领域的栋梁，他们实现了个人梦想，也为国家发展做出了杰出贡献。

刘海峰，如今是厦门大学教育研究院院长，用自己的研究推进着高考改革。回忆当年，他认为：

> 高考让人们知道，知识可以改变命运，自己的命运掌握在自己手中。一代青年精神面貌为之一变。
>
> 1977年的高考虽然只选拔了27万人，但是调动了上千万人学习风气的转变。后来中国社会不断发展，都和恢复高考有密切关系。可以说，高考是当时整个中国发展的原点。

1977年，全国高考录取率仅为5%。2017年，全国高考报名考生共940万人，录取率达74.46%。知识改变了一代青年的命运，而他们也改变了中国。

▲ 2017 年 6 月 8 日，在辽宁省沈阳市第七中学考点，
考生结束高考英语科目考试后走出考场。
- 新华社记者 李钢 摄

▲ 2015 年 5 月 20 日，美国哥伦比亚大学举行第 261 届毕业典礼，约 15000 名毕业生参加仪式，其中包括近 600 名中国学生。据统计，2013 至 2014 学年，中国在所有派遣赴美留学生的国家中居第一位，中国留学生人数占美国国际生总数的 31%。

- 新华社记者 王雷 摄

▲ 2017 年 7 月 4 日，在北京大学 2017 年本科生毕业典礼暨学位授予仪式上，毕业生看着毕业纪念片不禁落泪。这一年该校共有 3358 名本科生毕业。

- 新华社记者 沈伯韩 摄

编者讲述

【陈小波 -《国家相册》微纪录片栏目讲述人】

1977 年，恢复高考的决定是怎么做出的?

谁做出的?

在哪里做出的?

导演徐壮志决定找到那个做决定的地方。

新华社王新庆先生 1977 年拍摄的现场照片，图片说明只写着“人民大会堂”。我打电话去问，问到底在哪个厅，在现场到底听到什么、看到什么，当时只有 36 岁的王新庆，现在死活想不起来了。

周四，我们决定拿着照片去人民大会堂找。四川厅，不对；北京厅，也不是。好不容易看到一个相像的，江苏厅，先拍了再说。

周五，《国家相册》要发布的日子。中午我在外面公干，突然收到导演徐壮志的信息：从当年文字记者顾迈南的长篇通讯里得知，是在台湾厅。

壮导说：必须重拍。

中午十二点，我和摄影江宏景、制作曹晓丽冒着北京 38℃高温，赶到人民大会堂，在工作人员帮助下找到台湾厅。一打开门，还不对啊！金碧辉煌的台湾厅，灯不对，窗户不对，格局也不对。晓丽推开台湾厅的一个门，大叫：在这里！

恢复高考的决定，一个改变一代人命运的决定，一个改变中国走向的决定，原来是在台湾厅里面一间不足三十平米、窗帘拉得很紧、很朴素无华的小屋子里做出来的……

采访口述

【王晓望 复旦大学78级学生】

“18岁生日那一天，我得到了高考录取通知。”

我叫王晓望，1978年暑假参加高考，那时我还是一个中学生。

我们当时也是分了文科和理科。只有不到半年的时间，需要把中学所有学过的东西全部复习一遍，数学、语文、政治、英语，文科考地理、历史，老师帮我们一起复习。老师也是第一回，对他们来说，高考都是十几年前的事情了，他们也非常兴奋，尽了全力帮助我们。

大家都觉得比较难考，我很幸运，被复旦大学新闻系录取了，而且是在18岁生日当天收到录取通知的。

【刘海峰 现任厦门大学教育研究院院长】

“我知道消息以后，就回城里备考了，车票很难买。”

我是1976年6月份高中毕业，上山下乡。离家不是太远，有几十公里，非常偏，只有四个村子通马路。在那边做农活，我算短的，加起来一年零九个月，农村的活都干过。

我听到高考信息，最早是1977年9月份传出来，到10月21号，新华社、人民日报同时发布了确切消息，我们从收音机里听到了。当时已经过了农忙，我知道消息以后，就回城里备考了。回城的车票变得很难买。

“全国各地考试时间不一样，这是中国高考历史上唯一一次。”

1977年虽然中央公布高考消息，但各省招生简章、具体办法都没有出来，大家备考考哪几科都不知道。福建省是11月5号公布简章的，规定考试时间是12月16号、17号两天。当时全国都是分省命题，考试时间也不一样，这是中国高考历史上唯一一次。北京12月10号、11号考，有的省份是快到20号才考。从11月公布招生简章到实际考试不到40天，时间很紧张。

1978 年冬天

18 户农民秘密进行了一次危险行动

……

当年贴着身家性命干的事

变成中国改革的一声惊雷

成为中国改革的标志

扫这里

看《国家相册》视频

讲述人：张濠培　导演：李柯勇　执行导演：饶力文　撰稿：甘泉 张紫赟

第二篇

惊雷

第一声

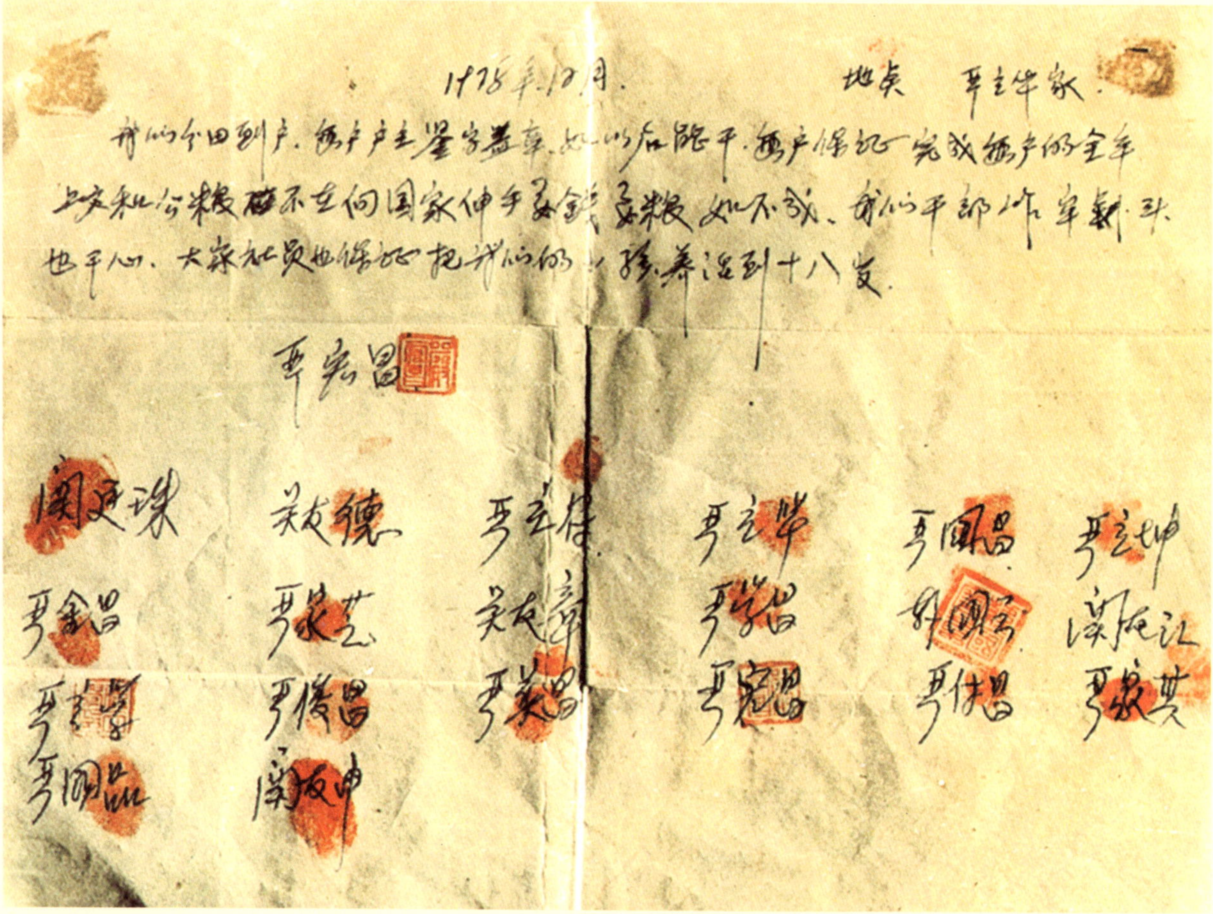

1978年12月. 地点 严立华家.

我们分田到户. 每户户主签字盖章. 如以后能干. 每户保证完成每户的全年上交和公粮 不在向国家伸手要钱要粮. 如不成. 我们干部作牢杀头也甘心. 大家社员也保证把我们的小孩养活到十八岁.

严宏昌

关廷珠 关友德 严立付 严立华 严国昌 严立坤

严金昌 严家芝 关友章 严学昌 韩国云 关友江

严立学 严俊昌 严美昌 严宏昌 严付昌 严家其

严国品 关友申

▲ 1978 年冬，安徽省凤阳县小岗村的 18 位农民在一纸分田到户的“秘密契约”上按下鲜红的手印，实行了农业“大包干”。这是小岗村 18 位农民按下红手印的“包产到户”契约。

- 新华社稿 汪强 摄

严宏昌、严金昌、关友江等“大包干”带头人回忆起当年的情景，仍激动不已，因为当年干的一件事，已经影响了中国40年。

那是1978年初冬的一个黄昏，安徽省凤阳县小岗村18位衣衫褴褛的农民去赶赴一场危险的集会。严宏昌挨家通知开会时，特意叮嘱说：“太阳下山的时候再去，去的时候不要一起走，也不要和家里人讲。”

这次秘密集会，就为了四个字——“分田单干”。严宏昌回忆：

> 开会人聚齐了，但没人谈生产，都是在互相交流哪里好要饭，我心里很难受。我对大伙儿说，我们农民有土地有力气有手脚，还吃国家的粮，被共产党养活20多年，那工农商学兵还有的吃吗？我们要甩掉吃国家供应的帽子，争取对国家有贡献。今天的目的，我不说，你们也知道，我想把地分了。办法是我想的，我来挑头，意见很简单：完成国家的，留足集体的，剩多剩少都是自己的。

在当时的政治环境下，这样做可是有坐牢危险的。这场碰头会一直持续到了半夜，他们分别在这份“托孤”契约上按下鲜红的手印。严宏昌在契约上写着这样一行字：“我们干部坐牢杀头也甘心，大家社员也保证把我们的小孩养活到十八岁。”谁也不敢想，这串红手印将化为一声春雷唤醒沉睡的大地。

▲ 1978 年 12 月，安徽省凤阳县小岗村的三位农民。小岗村开创了家庭联产承包责任制的先河，被称为“中国农村改革第一村”。

－新华社稿 汪强 摄

那时，“十年浩劫”刚刚结束，极“左”思想仍像枷锁一般禁锢着中国。在延续已久的“大锅饭”体制下，农民自主经营是被明令禁止的。小岗村曾有一户人家，只因私下种了些生姜辣椒，养了两头猪，就被连续批斗，还上了报纸。大家谈“私”而色变。严重平均主义死死捆住了人们的手脚，农民毫无生产积极性，人越干越懒，地越种越薄，粮越收越少。贫穷和饥饿笼罩着这片土地，每到农闲时节，几乎家家户户都出去要饭。

关正景当时是生产队的记工员，他回忆说：

> 小岗村 24 户 170 多人，整劳力十分工，半劳力五分工。一个劳动力（十分工）一天最低四分钱，最高两毛二分钱。硬户还能挣点钱，软户还要贴钱。“春紧夏松秋不干，滚着一住就要饭。”
>
> 70 年代初，我也坐拉煤车去上海要过饭。饭不好要。有人骂：“这么年轻，有腿有胳膊没饭吃算什么东西！”

1978 年，一场百年不遇的大旱加剧了农村饥荒，小岗村村民被逼无奈，不得不铤而走险。“分田单干”的做法可以用一句顺口溜来概括：“交足国家的，留够集体的，剩下都是自己的。”清晰的责、权、利划分，立即调动了群众的积极性，出现了男女老幼齐下地的火热劳动场面。

这个秘密被 18 户农民严严实实地藏了起来。然而，到了春天，长势喜人的秧苗却“泄密”了。当时，连包产到组都饱受围攻，更何况分田到户呢？小岗人战战兢兢。跟村民一样紧张的是基层领导干部，如果辖区里出了这么大的政治错误，那该是多大的罪名？

▲ 1979 年，安徽省凤阳县小岗村。
– 新华社稿 汪强 摄

▲ 1979 年，分田到户的小岗村人赶着牲畜去劳动。

- 新华社稿 汪强 摄

1979 年 4 月的一个下午，听到风声的县委书记陈庭元来到小岗村一探究竟。摆在他面前的是像棋盘般整齐的花生地，如果还是“大呼隆”式的劳动，绝不可能干得这么好。

时任凤阳县委办公室秘书的陈怀仁，清楚地记得当时陈庭元探查小岗村的场景：

一对年轻的农民夫妇在地里干活，陈庭元走到跟前问：“你们怎么就两个人干活呢？看样子你们是分到户干的吧？”那两口子一下子说不出话来，僵持了一会儿，陈庭元说：“哦，我知道了，我知道了，你们生产队今天都赶集去了，就剩你们两口子干活了。”

这个时候，陈庭元已经心知肚明了。

在巨大的政治风险面前，公社扣下了小岗村春播的种子，村民们有苦难言。作为县委书记，陈庭元也不是没有担忧过，但是他说：“小岗这么干，只不过是想吃饱饭嘛！就算错了，对全局也没有多大影响。”可公社还是害怕，要求县里下个文表示同意。陈庭元叼着烟卷笑了：“这种事，只能干，怎么能下文？”有了他亲自担保，小岗村村民才领到了种子。

▲ 1980 年，逃荒在外的小岗村农民返乡。实行“大包干”后，人们的生产积极性高了。
– 新华社稿 汪强 摄

▲ 1979 年，小岗村实行“大包干”。一年后，迎来了丰收。
- 新华社稿 汪强 摄

在那个特殊时期，小岗村的改革显得如此弱小，任何一股风都可能将它吹灭。当时出现了一些反对声，“坚决顶住安徽的‘分田单干’风！”“支持‘包产到户’，就是迁就农民的落后意识！”在激烈交锋中，一批敢担当的领导干部顶住压力，想方设法保护了群众的积极性。凤阳县对外玩起文字游戏，称之为“大包干”，回避了“到户”二字。

可是，上级领导是什么看法呢？没过多久，省委书记万里来了。

陈庭元向万里汇报了一个顺口溜：“‘大包干’真正好，干部群众都想搞。只要给干三五年，吃陈粮，烧陈草。”意思是只要允许农民“大包干”，几年后粮库里就能攒下粮食。万里一听到“吃陈粮，烧陈草”，高兴得一下站起来，说：“那好，我批准你们搞三五年。”

消息又传到中央，是邓小平一锤定音：“‘大包干’会不会影响集体经济，我看这种担心是不必要的。”

▶ 20 世纪 80 年代初，小岗村“大包干”带头人严宏昌在村里第一个买了拖拉机。
– 新华社稿 汪强 摄

▲1981 年，严宏昌一家在自家茅屋前留影。

- 新华社稿　汪强　摄

◂ 1998 年，14 位 20 年前按下红手印的小岗村村民在即将拆除的茅草屋前留影。另外 4 位在 80 年代已先后离世。
- 新华社稿 汪强 摄

▲ 2008 年 10 月 7 日，小岗村村民严成（右）与新婚妻子曹永翠在小岗村“大包干”纪念馆前拍摄纪念照。

- 新华社记者 李俊东 摄

历史再一次证明，人民群众是历史的创造者。把选择权交给农民，他们便能创造历史。18 位农民敢闯敢试，敢为人先，点燃了改革火种；一级级党员领导干部实事求是，敢说真话，保护了火种。火种逐渐壮大，遇薪则燃，轰然成势，很快蔓延到全中国。

以小岗村为逻辑起点，人民群众的首创精神在党的领导下进行了一次又一次突围，解放了被落后制度束缚许久的生产力。

2016 年，习近平总书记来到小岗村。重温当年 18 位村民按下红手印、签订“大包干”契约的情景。习近平感慨道:“当年贴着身家性命干的事，变成中国改革的一声惊雷，成为中国改革的标志”，“今天在这里重温改革，就是要坚持党的基本路线一百年不动摇，改革开放不停步，续写新的篇章。”

改革开放 40 年来，小岗村也曾陷入迷茫，有人说这里“一夜越过温饱线，20 年没跨过富裕坎”。跌宕起伏中，小岗人也在不断思量。

严宏昌之子严余山，现在是小岗村青年创业的带头人。他说:“我父亲那一辈人，完成了在那种情况下历史赋予的使命，极大地解放了基层农村的生产力。我们这一代人，要把父辈的改革精神传承和延续下去，首要任务就是尽快实现农业现代化。”

中国发展进入新时代，乡村振兴战略渐次展开。站在新的历史起点上，该有怎样的新作为？这是小岗人面对的时代之问。

▲2018 年 9 月 27 日，安徽省凤阳县小岗村全貌。
- 新华社记者 张端 摄

▲2018 年 9 月 16 日，小岗村一处养殖鸭子的水塘。
- 新华社记者 才扬 摄

采访
口述

【严宏昌 安徽省凤阳县小岗村村民、"大包干"带头人之一】

"如果吃到饭了，我相信党能理解。"

虽然我被选上当村委会主任了，但如果我不想办法去干，老百姓还是一天到晚没饭吃。如果吃到饭了，我相信党能理解。

大家积极性特别高，说你只管干。还推荐我来分（分田到户），因为以前我长期在外不知道村里的土地情况，不会偏心。

我说写个承诺。我当时带的淮北牌香烟，一毛五一包，烟盒拆开，就写在烟盒里面的纸上。只有我、贫农代表有私章，大多数人没有，也不会写字，所以我帮着写了名字，大家按手印。

我当时想的是，如果有一天我被杀头了，孩子长大了看到这个东西，能知道他父亲不是个孬熊，是为了大家有饭吃。

"陈书记说，你只要保证小岗不要饭。"

干得太快了，有人就开始怀疑了。后来上面（公社）把小岗村的化肥种子全部扣下，我去找了很多趟都不给。村里又有人想去要饭了。我说劳动力去要饭了，不就白分地了嘛。

意想不到的是，后来县委书记（陈庭元）来了，还主动与我握手，他问我："听说你把地都分到各家各户干了？"我说，是把地分了，也不叫单干，就是不想吃国家供应粮了。我有信心肯定能弄好，干一年，保证下一年不吃国家粮，不用国家任何救济，还保证给国家粮。

他说，你只要保证小岗不要饭。我说陈书记，你看，他们从早上到现在没有回过家，老百姓有这个劲头，怎么会干不好？！我打算至少交国家 1 万斤以上。听我这么说，陈书记也很感动。

到了秋天，我们花生、小麦、水稻收了 13 万余斤，从人均 20 斤跳升到了 400 斤，我那时一天一趟带着各家各户挑着粮食到板桥去卖，那年向国家卖了 6 万多斤。

从没钱

到有钱

从带钱

到不带钱

钱包里

装着老百姓的日子

更有一个

日新月异的中国

扫这里

看《国家相册》视频

讲述人：陈小波　导演：郝方甲　撰稿：邵香云 张晓辉 李帅 王军锋 陶亮 侯博　后期统筹：曹晓丽

第三篇 『钱』世与今生

▲ 1955 年，在新人民币发行的前夕，天津市百货公司和平路门市部花布柜的售货员正在更换商品的标价。

- 新华社稿 于嘉祯 摄

左图是 20 世纪 50 年代的商店布料柜台，一尺花布售价 3750 元。这是旧币价格，也就是第一套人民币的价格。当时最大面额是 5 万元，买点日用品动辄都要上万。面额这么大，是因为新中国成立前连续多年通货膨胀遗留的影响没有完全消除。

为了适应新的经济环境，1955 年，国家收回第一套人民币，发行第二套人民币。

▲ 1955 年 3 月，国家发行新的人民币，旧人民币一万元兑换新币一元。兑换期间，首都北京到处都张贴着宣传标语和宣传画。

- 新华社稿

▲ 1950 年 1 月，中国人民银行总行发行的第一套人民币壹万元票面。
- 新华社稿

旧币换新币的比例是：一万元换一元。如此“以大换小”，有人担心钱越换越少。为了安民心，商店里、街道上，到处都贴上了宣传标语：“钱不但‘毛不了’，而且物价会更加稳定。”

两套人民币通用期间，商品同时用新币和旧币两种价格标示。习惯了“成千上万”花钱的人们，很快适应了分票、毛票。

拾萬元
10.00
30.00

◀ 1955 年 3 月 1 日，中国人民银行上海分行特设立了专为少数民族群众兑换新币的兑换所。

– 新华社记者 张申明 摄

▸ 1955 年 3 月，国家发行新的人民币，这是北京一家商店里张贴的宣传标语。
– 新华社稿

新舊人民幣的折算
舊幣 折算率 折合新幣
伍萬元 萬分之一 伍元
叁萬元 " 叁元
貳萬元 " 貳元
壹萬元 " 壹元
伍仟元 " 伍角
貳仟元 " 貳角
壹仟元 " 壹角
伍佰元 " 伍分
貳佰元 " 貳分
壹佰元 " 壹分
政府發行新
人民幣有大量
物資作基礎！

中國人民銀行
天津分行
公告

▼1955 年 3 月，天津南郊农民正在兑换新币。

- 新华社稿

新
兑

◀ 1955 年，天津郊区的孩子们对兑换来的新人民币很好奇。
- 新华社稿

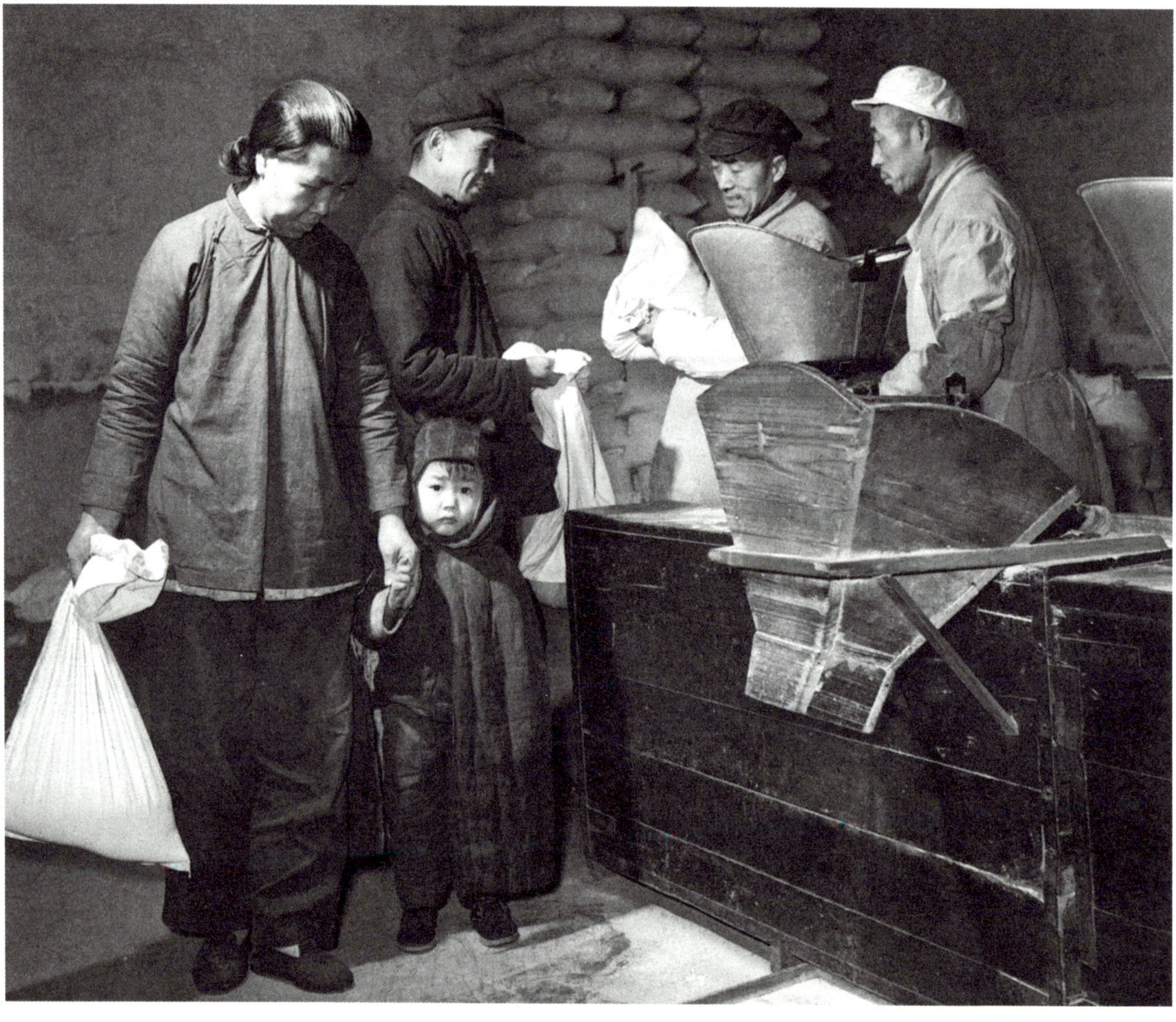

▲ 1958 年 1 月，计划经济时代，买粮食要凭粮票。图为天津张玉恩大娘用粮票到粮店买大米。

- 新华社记者 梁一丁 摄

国家实行计划经济制度时，生活必需品凭票证定量供应，光拿钱是买不到东西的。粮票、油票、布票、鸡蛋票、肥皂票、火柴票……每户人家几乎都有几十种票证。

《大河报》曾向读者征集有关票证的故事，有件事让记者孟冉感慨不已：

> 故事的主人公叫郎永生，河南扶沟县居民。他的母亲在弥留之际，给了他一大包粮票，有全国粮票，有河南省粮票，也有当地的粮票，竟有1200多斤！老母亲对孩子们说：将来我不在了，你们拿着粮票去换粮食吃，不至于饿肚子……

原来，20世纪五六十年代的河南，每人每月平均只有20多斤的粮食定量，经常不到月底粮票就用完了。怕孩子们挨饿，母亲总要想尽办法攒粮票。后来日子宽裕了，攒粮票却成了母亲的习惯，有点余钱就赶紧换成粮票。

这位80多岁的老母亲饿怕了，她相信只有靠粮票，才能填饱孩子们的肚子。老人不知道的是，她苦心留下的粮票儿女们并没用上。就在她去世后几个月，河南省结束了票证的流通。

改革开放后，物质供应逐渐充裕起来，再不用按人头定量配给了。20世纪90年代起，各种票证陆续退出历史舞台。

有人说，什么是市场经济？就是买东西不用票了。

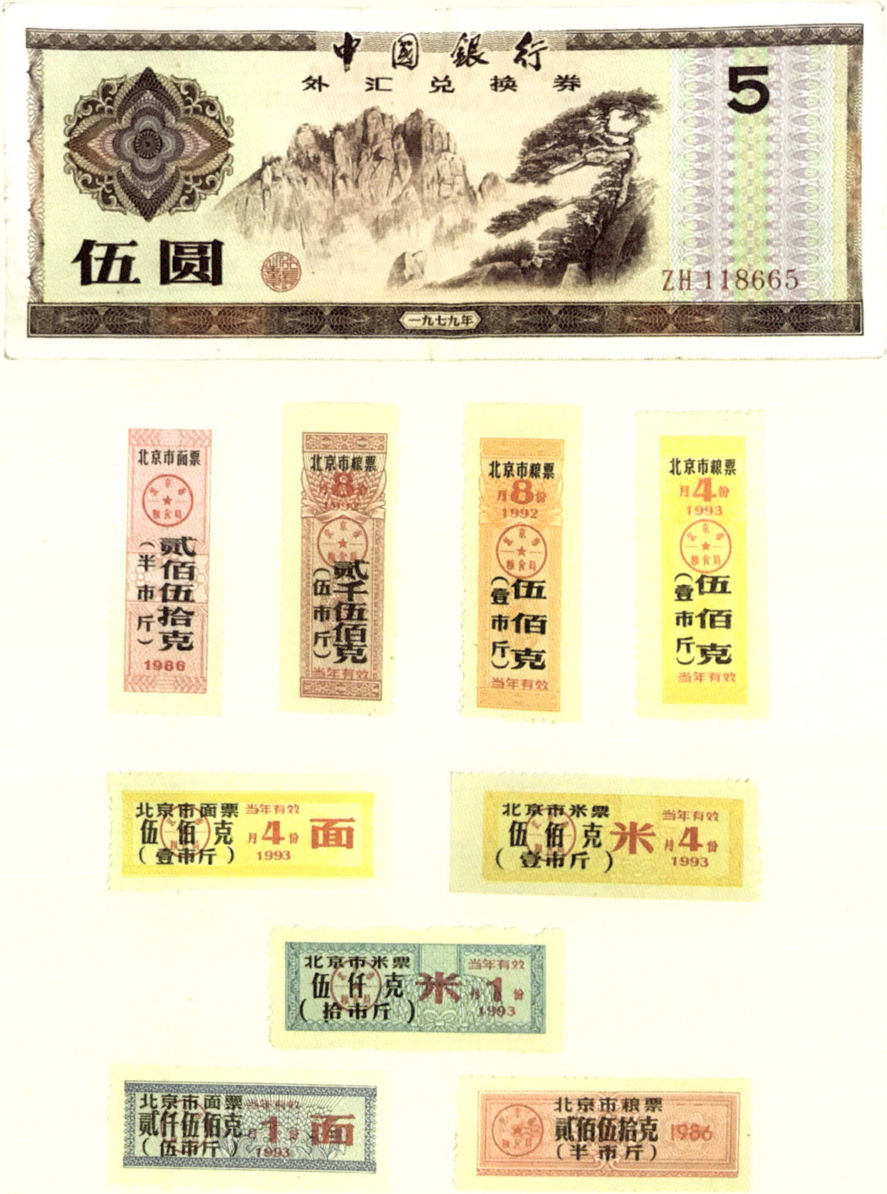

▲20 世纪曾经用过的各种票证。

快速发展的经济，让人们吃饱穿暖，也让生活多彩起来。

没钱的时候想富裕，有钱了新的难题又来了：带钱出门怕丢，放家里怕偷。粮食缸、沙发缝、床垫下、相框后……人们为了藏钱费尽心思，藏来藏去，常常连自己都忘了藏在哪了。

生意人带钱出远门更是提心吊胆、绞尽脑汁。河北省曲周县人曹献忠对此记忆犹新：

> 80年代初，我第一次出远门做生意，家里只有3000元，都带上了。怕不安全，就准备了一件多兜坎肩，把钱分开装在各个兜里，内衣也装了钱。当时是冬天，又在外面穿了好几层外套。
>
> 到了90年代，生意好了，生活富裕了，出门带的钱多起来了。有一次是夏天，没办法穿很厚的衣服，就专门找了一个带兜的内裤，最多一次装了大概7000元。但是很不方便，取钱还要去厕所拿，再付给人家。那时候只有存折，没有银行卡，买东西只能用现金。

中国银行 珠海分行
Bank of China Zhuhai
中银卡 BOC CARD
中国银行 珠海分行
Bank of China Zhuhai
中银卡 BOC CARD
47638 28 06
TELLER ID.1311

▲中国内地第一张信用卡。

不仅要有钱花，还要花得开心、方便。从南到北，从沿海到内陆，新的支付方式一波一波走进人们生活。

周炳志曾是中国银行的一名员工，1985 年他去香港探亲，第一次见到了信用卡。在目睹信用卡支付的便捷之后，周炳志兴奋得很，把香港信用卡的申请表格等资料全部带回了珠海，向行长提出：我们内地也可以引进这些新的金融产品。

两个月后，中国银行珠海分行推出了中国内地第一张信用卡。卡片没有磁条、芯片，每次刷卡都要打电话给银行核实信息。

花钱是件平常事，但钱包里装着老百姓的日子，更装着日新月异的中国。

▲ 2016 年 11 月 3 日，法国巴黎春天百货，工作人员试用支付宝收付款功能。巴黎春天百货公司是法国首家引入支付宝支付业务的商家。如今支付宝、微信支付等支付方式悄然走出国门，受到境外消费者的欢迎。

– 新华社记者 李根兴 摄

▲2017 年 4 月 14 日，来自澳大利亚悉尼的蒂姆（前左一）领着从美国刚来的朋友杰弗瑞（前左二）在杭州体验了一回不带现金的出行。从购物、点餐、坐公交、租用共享单车到医院缴费等，蒂姆都能顺利地使用手机支付。

- 新华社记者 黄宗治 摄

▲ 2017 年 5 月 27 日，中国银联联合 40 余家商业银行在北京举行发布会，正式推出银联云闪付二维码产品，持卡人通过银行 APP 可实现银联云闪付扫码支付。
- 新华社记者 李鑫 摄

编者讲述

【郝方甲 –《国家相册》微纪录片栏目导演】

我曾看过一篇关于设计人民币的文章，觉得有趣，便请几名记者着手做功课。但辗转几拨人，写了几版，却怎么也走不出“过于技术”的死胡同。

策划会议室里一片愁云惨雾。突然有人说：造钱做得这么费劲，那我们干脆做一集花钱好不好?

场面一下就打开了，愁眉苦脸全变成了眉飞色舞，人人都有一大堆故事要讲。很快，好故事一个接一个冒出来了。

看来有些弯路，不能不走。

凡是策划会上大家抢着讲故事的，做出来都是好片子。好几个人同时想起，从前带钱出远门，都要穿个有兜的内裤，或在内衣里缝上个夹层，厚厚一沓钞票塞在里面，贴着肉才放心。

在旁边等下一场策划的记者刘潺插话，说自己中学时到外省参加排球比赛，妈妈就给他准备了这样一条内裤，郑重地放了 10 块钱，供他零花。小刘潺一路上羞得像揣着一个天大的秘密，到了比赛的地方却发现，连最神气的国家队大哥哥们竟也是“一买东西就扯开裤腰拿钱”。

一搜淘宝，发现这种内裤竟然还有！可以装现金、装手机、装护照……笑说要买一条，让优雅知性的小波老师在镜头前轻轻拎起，问：这样的裤衩，你穿过吗？大家笑成一片。

中国变化太快了，旧东西消逝，新事物涌现，10 年就是一番新光景。花钱是件平常事，但钱包里装着老百姓的日子，更装着一个日新月异的中国。在《国家相册》改革开放 40 年系列里，我们讲粮票、白菜、烫头、厕所……如此不厌其“小”，就是为了讲寻常日子里的智慧和看似寻常日子蕴含的巨大能量。

30 年间

中国股民与中国股市一起经历风雨

从最初的稚嫩、冲动

到越来越成熟、理性

他们曾经

也正在

与发展的时代共舞

扫这里

看《国家相册》视频

讲述人：陈小波　导演：郝方甲　撰稿：潘清　后期统筹：胡玥聪

第四篇

股市与时代

▲1949 年 2 月 21 日，当时的上海证券交易所。

- 新华社稿

作为曾经的远东金融中心，上海与资本市场的渊源由来已久。

早在 1882 年，第一家具备交易所雏形的股市公司成立。民众对所有股票都趋之若鹜，不加分辨，狂热抢购。《申报》将其形容为“无论如何，竞往附股”。结果仅一年，股市就崩盘了，中国遭遇了第一次现代意义上的金融危机。

抗战胜利后，国民政府着手筹建官方证券市场。1946 年 9 月上海证券交易所开业。然而在政治和经济的全面崩溃下，股市难以独善其身。1949 年 5 月上海解放，证券交易所停业，为旧中国股票市场画上了句号。

新民晚报

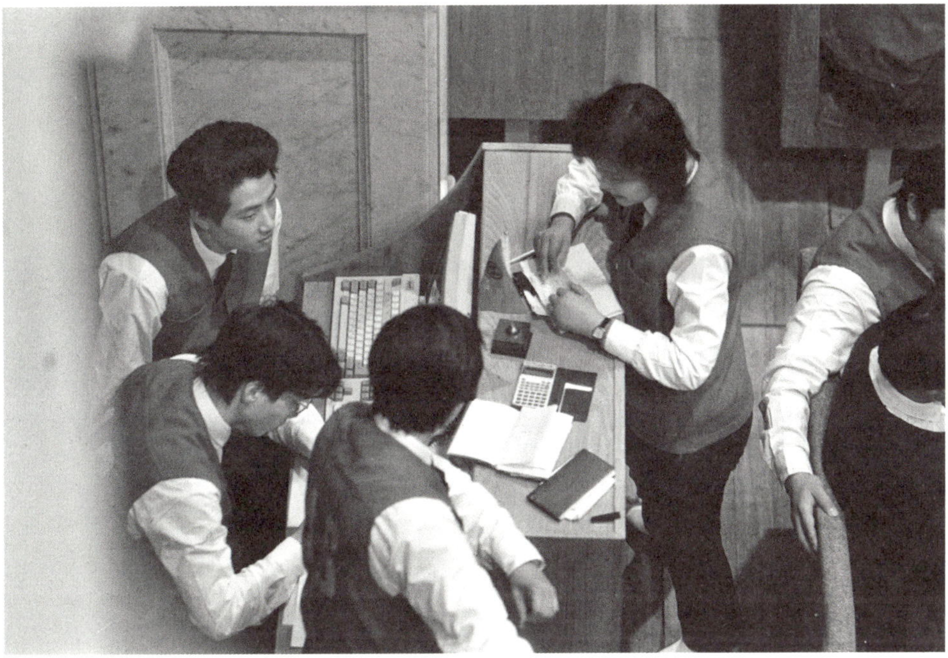

▲ 1990 年 12 月中旬，位于上海黄浦路 15 号浦江饭店内的上海证券交易所正式开业。
图为经纪人正在进行交易。
– 新华社记者 柳中央 摄

◄ 1987 年 1 月，上海灯泡厂的职工在购买股票。23 日一天内，这个厂的职工共认购股票 3680 股，计人民币 36.8 万元。
– 新华社记者 张刘仁 摄

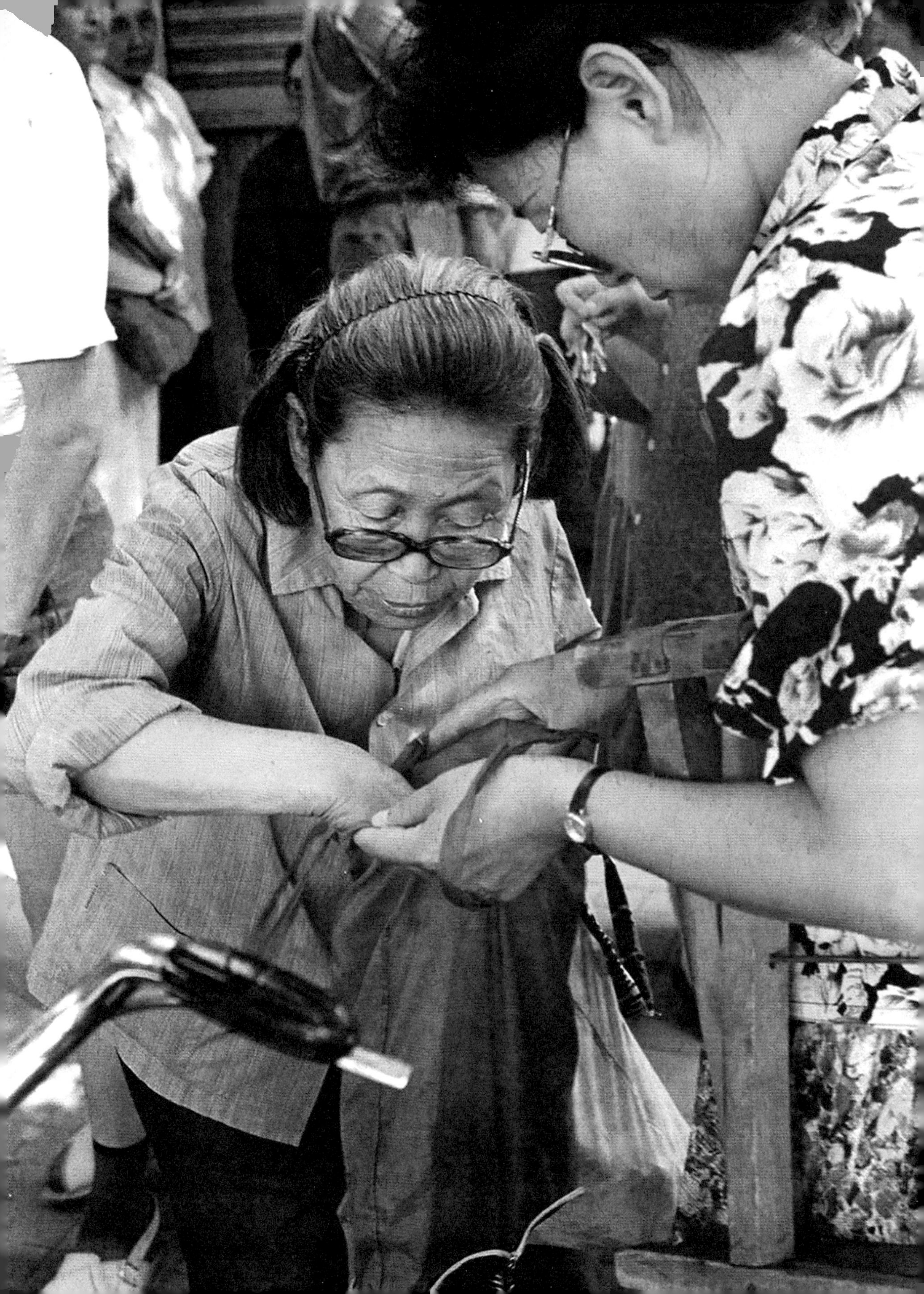

1986年11月，邓小平将一张上海飞乐音响股份有限公司的股票赠送给纽约证券交易所董事长约翰·范尔霖。那时中国股市刚刚起步，只有飞乐音响与延中实业两只股票。

在计划经济体制运行了几十年后，中国向世界宣告：社会主义国家也可以有股市。改革开放总设计师邓小平说，“要坚决地试”。改革的早春，一批敢“吃螃蟹”的人看到了机会。

1988年，38岁的杨怀定辞去上海铁合金厂的仓库保管员工作，揣着两万元积蓄投身股市，成为一名职业股民。他一度每天进出股市的资金规模达到上百万元，人称“杨百万”。

尽管如此，股票对多数老百姓来说还是陌生的。但状况很快发生了改变。

1990年12月19日，黄浦江畔浦江饭店，一面从旧货市场淘来的铜锣，敲响了上海证券交易所的第一记开市锣声。8只股票，12.34亿元市值，开启了中国资本市场的大幕。

几乎同时，另一片改革开放热土上，深圳证券交易所正式成立。自此，以两大证券交易所为载体，中国股市从本土走向世界。

◀ 1992年6月16日，这位大妈在北京骡马市大街证券交易营业部前坐等10个小时之后，终于买到了一笔债券。这一天，中国农业银行北京市信托投资公司向社会发行企业债券2000万元，利率为年息9.5%，期限2年。

– 新华社记者 刘卫兵 摄

▲ 1993 年 3 月，江苏省国际信托投资公司上海证券营业部建成开业，股民在争先购买股票。

– 新华社记者 方爱玲 摄

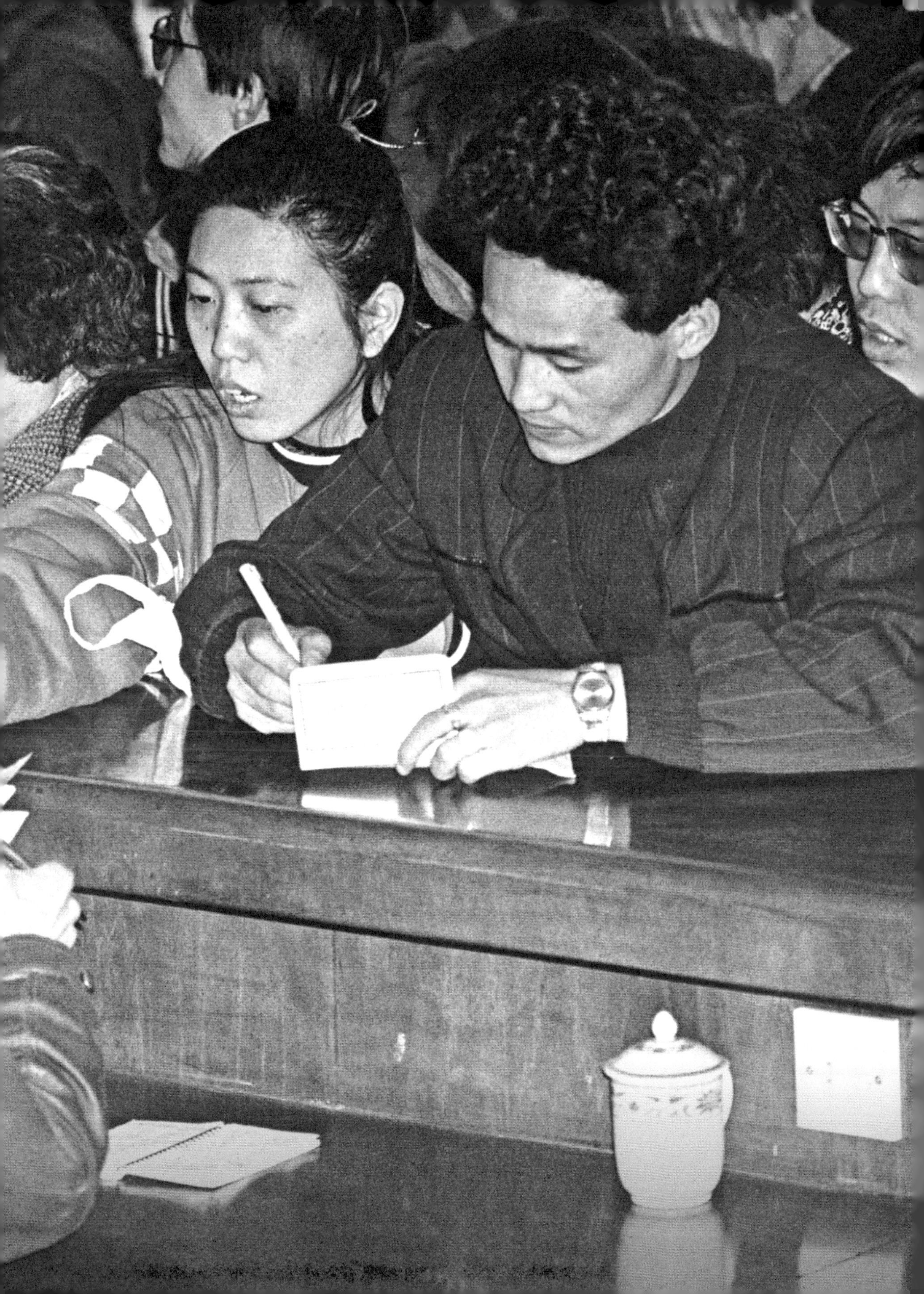

▲ 1991 年，上海市民为办理股票账号登记手续在证券交易所门前排起了长队。1988 年，上海外汇调剂中心成立；1990 年 12 月，上海证券交易所正式营业，加上已有的 4 家证券公司和 9 家兼营证券业务的中介机构及 60 多个证券代理点，上海证券交易已形成了一定规模。

- 新华社记者 柳中央 摄

透过照片，我们能够感受到时代剧变和人心悸动。上海证券交易所成立不久，每天办理股票账户的股民们都在马路边排起长队。越来越多人被发财的故事撩拨着，投身股海，“股票热”持续升温。上海证券交易所在近万平米的广场上开设了股票买卖临时委托点，日均交易人次过万。

上海股民胡凤梧回忆起 1992 年买上海最早发行的股票认购证时的故事：

> 当时股票认购证是 30 块钱一张。我买了 10 张，就是 300 块钱。300 块钱对我们工薪阶层来说是一笔很大的开支，当时没有人买。我买回去以后，被我老母亲骂了一顿。她说买这个纸干什么呀！

后来，大家发觉股票能挣钱，认购证就开始疯抢了。有人提出向胡凤梧买，说出 5000 块钱买她 300 块钱的认购证。她想了想，没舍得卖。

“结果就是挣了一大笔钱咯。”胡凤梧笑说。

上海工人文化宫旁边的空地，曾是最大的散户集会中心。人们在这里分享心得、交流消息。股市，让普通百姓与宏观经济的关系变得空前紧密。

▲ 1992 年 3 月 27 日，上海又有 5 种新股票上市交易。至此，上海证券交易所挂牌交易的股票已达 15 种。那次新上市的 5 种个人股共计 6920 万人民币，约占当时个人股上市量的 86%（按股票面额计算）。

- 新华社记者 柳中央 摄

▲ 1992 年 4 月，北京第一家民办证券学校“万隆证券学校”正式开学。首期 120 名学员中有工人、机关干部、个体户等，他们将在 3 个月的时间内学习有关储蓄、证券、股票的理论知识及应用技能。

- 新华社记者 宋晓刚 摄

◀ 1992 年 5 月 17 日，清华大学经济管理学院在校园内举办“深圳证券交易所清华模拟交易市场”活动。这项作为“投资学”的实践课吸引了众多学生。
- 新华社记者 张燕辉 摄

▲ 1992 年 8 月，上海证券交易所在文化广场开设股票买卖临时委托点，使上海股票买卖紧张程度得到一定缓解。该委托点占地面积近 10000 平方米，最高日交易达 6000 人次。
– 新华社记者 柳中央 摄

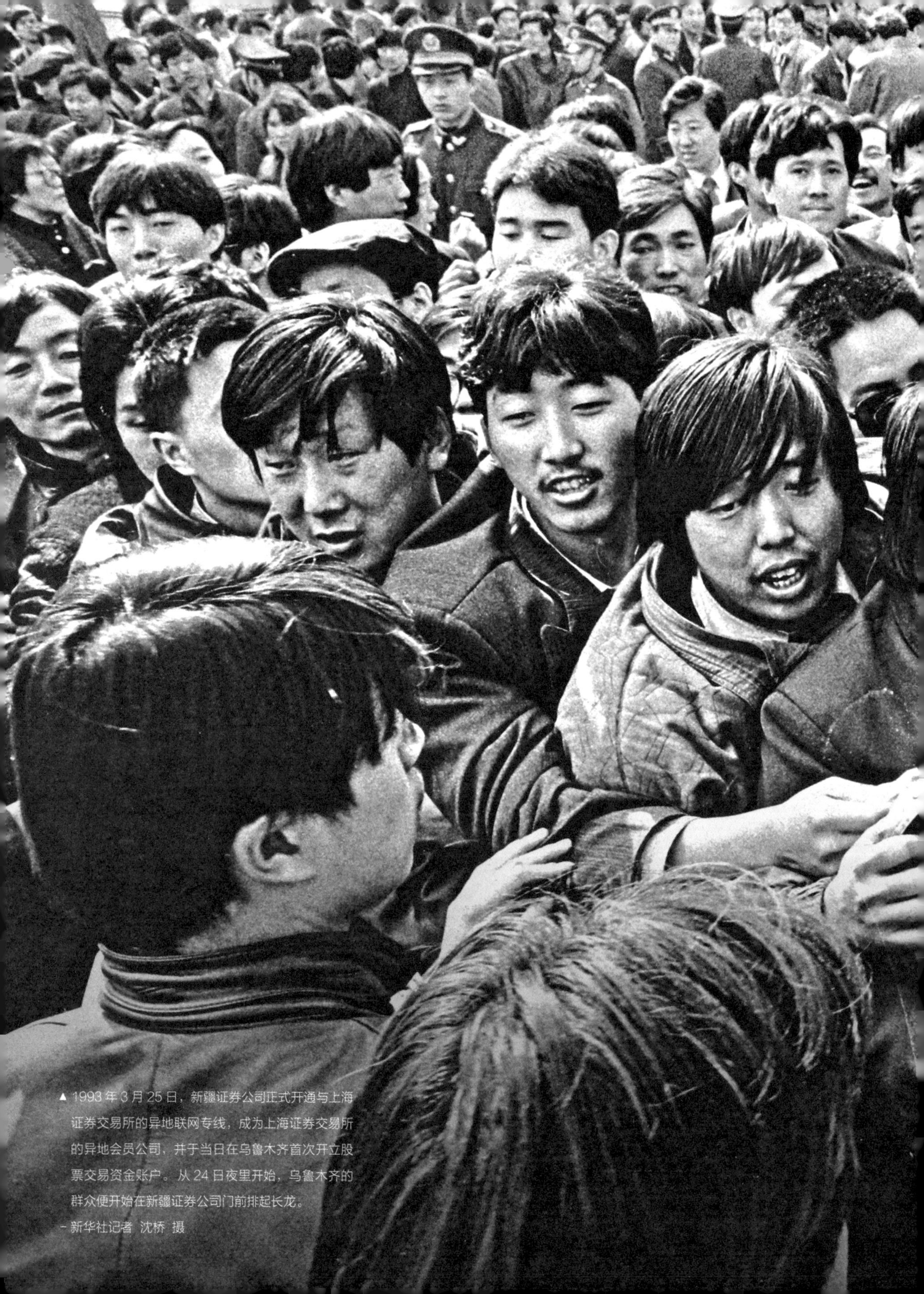

▲ 1993 年 3 月 25 日，新疆证券公司正式开通与上海证券交易所的异地联网专线，成为上海证券交易所的异地会员公司，并于当日在乌鲁木齐首次开立股票交易资金账户。从 24 日夜里开始，乌鲁木齐的群众便开始在新疆证券公司门前排起长龙。

– 新华社记者 沈桥 摄

股市火了，不光炒股挣钱，连卖信息都能发财。1993 年，谢荣兴和同事们在公司阁楼里创办了一份小报《股市大哥大》，为股民盘点分析市场行情，两页纸的小报每天能卖几千份。随着改革开放的深入，“市场”这位老师给人们上了一课又一课。

7 岁“生日”当天，上交所迁往浦东，告别了那面二手旧锣，还拥有了亚洲最大的无柱交易大厅。这面新铜锣，先后为 1000 多家公司上市鸣响。2014 年，更开通了联通内地与香港股市的“沪港通”。对老百姓来说，投资方式越来越多元。

▶ 1993 年 5 月 24 日，北京天桥百货股份有限公司、北京天龙股份有限公司的股票在上海证券交易所挂牌上市。在北京证券有限公司营业大厅，手持“大哥大”的京城股民密切关注上海证券交易所的行情。

– 新华社记者 张旭 摄

海南省
HAIN

◂ 1996 年 6 月，海南省证券公司门前一股民面对镜头露出笑容。4 月份以来，深圳和上海股市持续上涨，股民炒股热又有所回升，一度冷清的股市又热闹起来。
- 新华社记者 姜恩宇 摄

Connect Trading Award -
通
CICC
ecurities (CLSA Limited)
International Securities Group
HKEX
香港交易所
STOCK CONNECT AWA
滬深港通頒獎禮
8.3.2018

现在中国股市总市值已超过 50 万亿元，成为仅次于美国的全球第二大证券市场。它不仅承担起了优化资源配置的历史重任，一定程度上也成为中国经济发展的“温度计”“晴雨表”。

30 年间，中国股民与中国股市一起经历风雨，从最初的稚嫩、冲动，到越来越成熟、理性。他们曾经，也正在，与发展的时代共舞。

◀ 2018 年 3 月 8 日，香港交易所在香港金融大会堂举办 2017 年度“沪深港通”颁奖礼，表扬主要经纪商于 2017 年参与“沪深港通”互联互通股票交易机制所取得的成绩。
– 新华社记者　李鹏　摄

▲2016 年 2 月 22 日，沪深股市双双上涨，上证综指以 2927.18 点报收，较前一交易日上涨 2.35%；深证成指收于 10370.99 点，较前一交易日上涨 2.05%。

- 新华社记者 潘昱龙 摄

编者讲述

【潘清 -《国家相册》微纪录片栏目《股市与时代》撰稿】

如何让看起来相对枯燥的资本市场变得更有深度和温度？

如何让受众与中国股市的起步、发展、辉煌产生共鸣？

多次沟通后，导演组和我都觉得这一作品应当立足于“人”，立足于和中国股市经历数十载风雨的股民和从业者。

听仓库保管员杨怀定讲述怀揣两万元积蓄投身股市，成为中国最早职业股民“杨百万”的传奇；听原万国证券交易总监谢荣兴描绘成为首批“红马甲”，并在阁楼上创办油印小报《股市大哥大》的经历；听普通股民回忆最早的上海股票认购证从没人买到被疯抢的故事……因为篇幅的限制，一些故事最终没能以视频的方式在作品中呈现，但仍成为其中最令人动容的细节。

赶集

物质匮乏年代的狂欢

是改革开放

让集市红火起来

也是改革开放

让集市逐渐褪去繁华

扫这里

看《国家相册》视频

讲述人：陈小波　导演：郝方甲　撰稿：双瑞 滕沐颖　后期统筹：曹晓丽

第五篇

走，咱赶集去！

超市、网购、海淘，现代生活一日千里，购物也越来越随心所欲。

但曾经，买东西要去集市——从中原小镇到江南水乡，从黄土高原到繁华城郊，从新疆的绿洲、草原，到西南边陲的偏僻村寨，集市曾是最常见又最真实的生活场景。

中国人赶集的热情由来已久。《易经》记载的“聚天下之货，交易而退，各得其所”，说的就是最原始的物物交换。

集市交易的时间多则一天，少则几个小时，人们按约定的时间从四面赶过来，所以叫——“赶”集。北方人“赶集”，岭南人“趁墟”，傣族人“赶摆”，布依族人“赶表”，维吾尔族人“赶巴扎”……称呼不同，相同的是集市上散不去的烟火气。

庄稼汉干活的工具，巧媳妇的柴米油盐，姑娘的胭脂水粉花衣裳，小孩馋嘴的吃食和玩意……让人目不暇接。乡村集市里的货物，种类未必多，品质未必最好，但都外观朴素、价格低廉，即便在物资匮乏的年代，也能满足穷人之美。

◀ 1957 年 9 月，新疆喀什进城赶巴扎的人们。巴扎，是新疆的一种集市。每个县城每周有一天是固定的巴扎日。人们都在这一天的清晨，骑驴骑马地到城里来。

- 新华社记者 丁彬萱 摄

▲1950 年，贵州省凯里镇集市。
- 新闻摄影局 盛继润 摄

▲ 1954 年 5 月，陕西省延安蟠龙镇大街上的集市热闹非凡。
– 新华社记者 胡越 摄

▸ 1954 年 6 月，帕米尔高原斯马哈拉草地上的“巴扎”，柯尔克孜族牧民威马克（右二）带着山羊和国营贸易公司流动小组进行交换。一只大山羊可以在国营贸易公司换到花布 8 米、砍土镘 1 个、苞谷 80 斤。

- 新华社记者 王平 摄

大的中华人民共和国

◂1961 年 1 月，河北省唐县望都镇的农村集市购销活跃。

- 新华社稿

▲1961年1月，在河北省唐县望都镇的集市上，社员卢老祥（左）在出售他自种的大蒜。
- 新华社记者 楚英 摄

▲ 1962 年 3 月，在云南省德宏傣族景颇族自治州瑞丽县集市上买鲜花的妇女。
– 新华社记者 陈正青 摄

▲ 1963 年秋季，四川省彭县竹瓦公社天星大队一生产队的女社员高小群（右）在集市上给小宝宝桑其芬添置穿戴。
- 新华社记者 游云谷 摄

1963年的一天，四川省彭县九尺镇的集市，妈妈高小群带着女儿桑其芬去赶集：买点盐巴，扯几尺布，还给她挑了一件小围嘴。新华社记者路过，刚好拍下了这个画面。

50多年后，桑其芬回忆起小时候赶集的情景：

> 平时放学回来就让你做家务事，最喜欢的事就是出去赶场。三朋四友约着耍一下，热闹一下。看看街上的新鲜事情啊，吃的穿的都感觉好稀奇。
>
> 那时候，生活不宽裕，赶一次集全家能兴奋很久。即便去了，也是看得多，买得少，两分钱买四块糖，姐弟三人一人一块，剩下一块也要分着吃。

桑其芬长大了，结婚时去集市上买了自行车和缝纫机。生活越来越好，但赶集一直是她生活的重要部分。

反革命罪

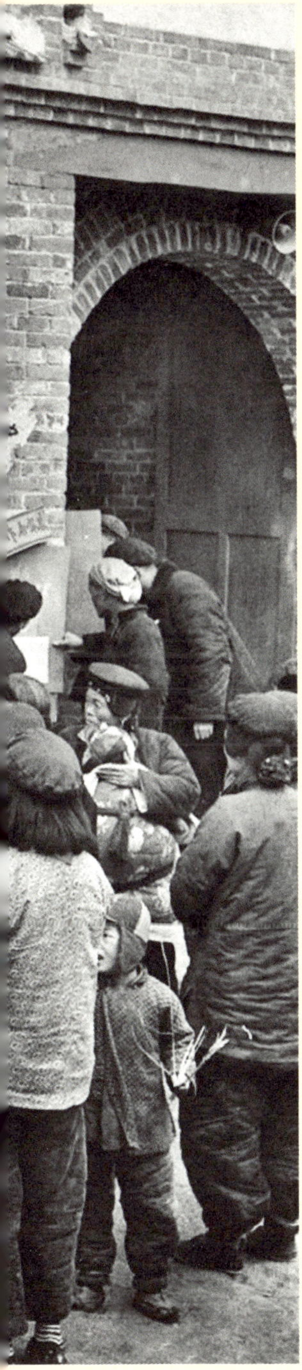

赶集，除了买卖交易，还有浓浓的人情味。

看一场大戏，见识见识新鲜玩意儿，学习国家的方针政策……集市像乡镇的客厅，让十里八村的乡亲碰个头，见一面。辛苦劳动了一周的人们，放下工作，收拾打扮，扶老携幼，赶驴拉车，去热闹一场。

生在陕北农村的《国家相册》栏目导演徐壮志回忆说：

> 赶集要翻一座大山，小孩走一趟累得不行。去干啥呢？去看汽车。我妈把我带到镇上，把我放到公路边。她就去赶集去了，我就站在路边看汽车，好半天才来一辆，一看就是一整天。

赶集，这浓浓的人间烟火气，滋养出人们热乎乎的日子。

◀ 1957 年 12 月，山东省聊城政法部门在农村集市上进行政策法律宣传。
– 新华社稿

画家黄胄一生痴迷于“赶集”，他七次进疆采风，立志“到生活中起草稿”。维吾尔族有句民谚：“巴扎（集市）上除了爸妈，什么都能买到。”蹦跳的小毛驴，艳丽多汁的瓜果，沉甸甸的篮筐，衣角飘飞的人群……黄胄用画笔勾勒出一幅幅灵动的巴扎图景，也勾起了人们对乡村生活的记忆和向往。

▶ 1979 年 12 月 12 日，著名画家黄胄在新疆喀什市伯什克然木公社的果园为果农写生。
– 新华社记者 武纯展 摄

◀ 1984 年 5 月，新疆莎车县 75 岁的维吾尔族老人孔尼马孜 · 艾拜都拉骑着毛驴去赶集。
– 新华社记者 武纯展 摄

改革开放，让集市红火起来，改革开放，也让集市逐渐褪去繁华……

集市少了，赶集的人也少了，但仍有人在赶集中寻找慰藉。年轻人大量外出打工，空巢老人越来越多。平日孤独的老人们盼望赶集这一天，不仅可以买些生活用品，还能聚在一起打打牌、说说话。

赶集，早成了他们一辈子的习惯。

▲2011年9月，陕西省神木县花石崖镇，两位老人坐驴车赶集。
-新华社记者 黄孝邦 摄

抓科学求

▲ 2013 年 2 月 1 日，农历腊月二十一是河北省保定唐县仁厚镇大集的日子。春节临近，老百姓纷纷走出家门购置年货，喜迎佳节。

- 新华社稿 朱旭东 摄

▲ 2009 年 1 月 6 日，宁夏回族自治区贺兰县集市。当地政府依托“万村千乡”市场工程，加快完善农产品流通网络，使农村消费市场日渐升温，传统的集市也成为农民消费新的增长点。
- 新华社记者 王鹏 摄

▲ 2015 年 2 月，在湖北省恩施土家族苗族自治州的庆阳古街上，一个小孩被家长扛在肩上赶集。
- 新华社稿 宋文 摄

► 2012 年 1 月 18 日，陕西省安康紫阳县集市，来自周边的群众聚集在集市上置办年货，为即将来临的春节做准备。
- 新华社记者 刘潇 摄

▲ 2015年2月15日，当日是腊月二十七，民谣称："腊月二十七，宰年鸡、赶大集。"在这一天，辽宁省沈阳蒲河乡村集市迎来置办年货的人潮，赶集的人们在集市上购买过年所需的肉类、蔬菜、水果、春联等物品，到处是红红火火的景象。

－新华社记者 潘昱龙 摄

编者讲述

【李柯勇 –《国家相册》微纪录片栏目监制】

赶集，已经是多么遥远的一件事了。上一次赶集，应该是十几年前的事了吧？小时候，集市上的一切都那么新鲜。后来，跟城里的商场比，集上卖的东西就显得不太有档次了。再后来，很多集市撤销了。如今大批生长于城市的娃们，怕是都不知赶集为何物了吧？

40 年来，集市兴也改革开放，败也改革开放，转头换面亦改革开放。潮起潮落间，老了一代人。

这就是最好的改革开放故事。

【郝方甲 –《国家相册》微纪录片栏目导演】

《赶集》这一集，由团队中唯一没有赶过集的我导演完成。

从前以为赶集就是去市场上买东西，这次才了解集市的社交功能。脚本里有一句话：集市是乡镇的客厅，很是形象。累了一周的人，去热闹一场，去笑一回，去打听打听亲朋好友都过得好不好。

那，未来的人回顾我们这个时代时，会选出怎样的关键词呢？现在哪些生活方式，会在不久的将来消失呢？又是被什么取代了呢？

白菜

被称为“百菜之王”

曾经被当作国礼

更是北方冬天的“当家菜”

日子好了

冬储变成了日鲜

但平实温润的大白菜

就像老百姓的日子

咂摸着

总是甘甜的味道

扫这里
看《国家相册》视频

讲述人：陈小波　导演：郝方甲　撰稿：李萌　后期统筹：曹晓丽

第六篇 白菜的味道

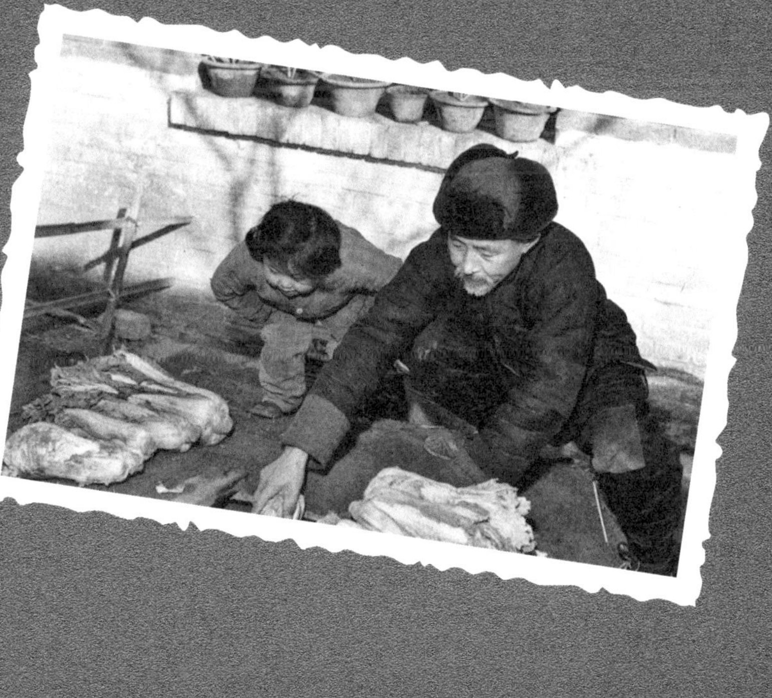

▲1954 年，河北省满城县二区要庄乡女社员收割大白菜。
- 新华社稿 袁浩、刘明 摄

大白菜你一定吃过。但你知道白菜曾是国礼吗？1949年12月，毛泽东访问苏联。这是新中国成立后的第一次外交出访，他带去的礼物就包括：5000斤山东大白菜。毛泽东在电报中这样写道：

> 斯大林同志七十大寿，中央决定送山东出产的大黄芽白菜、大萝卜、大葱、大梨子作寿礼。请你们三日内购买每样五千斤。请注意选择最好的。万万火急。

大白菜是中国的特产，更是北方冬天的“当家菜”，一入冬，家家户户都得存上几百斤。北方冬天，白菜是一道风景。楼房墙根下，平房小院里，到处是码得整整齐齐的菜垛。

天冷了，就给菜盖上被子；太阳出来了，就把菜一棵棵摊开，晾晾湿气。只有把白菜照顾妥帖了，一家人的冬菜才有了着落。

菜帮子醋熘，菜叶煮面，菜心凉拌，再挑一些腌起来……一种菜，可以连吃几个月不重样。白菜随和，丰俭由人，日子再艰苦，也能吃得有滋有味。

三井社区党委书记郭淑静是老北京人，她回忆说：

> 过去北京基本一冬天全是白菜，到4月才有菠菜、圆白菜等其他的菜陆续上来。有时刚开春，有的人家白菜就吃完了，白菜多的邻居就会说：“给您一棵，我们家还有呢。”这邻里间的亲情特别可贵。

◀ 1954年12月，北京市小红门乡刘长龄生产合作社的社员正在贮藏窖里整理大白菜。

－新华社记者 毛松友 摄

◀ 1957 年 9 月，黑龙江省望奎县灵山乡腰三社社员种的大白菜获得丰收。
- 新华社稿

► 1958 年 12 月，河北省宁河县五一人民公社皂甸生产队食堂的炊事员们给社员们准备了大量过冬白菜。

- 新华社记者 盛果 摄

财务公开化
表扬

▲ 1959 年秋，首都机关、厂矿、学校、部队、街道等抽调大批人力，帮助农民抢收大白菜。

- 新华社记者 楚英 摄

▲1959 年 10 月，山西省大同市秋菜丰收。这是一位妇女在腌白菜。

- 新华社稿

▲ 1961 年 11 月，北京市崇文区夕照寺居民韩子奇带着孙女储存白菜。他在院内挖掘了一个 2.5 尺深、3 尺宽、7 尺长的条窖，可贮存大白菜 400 斤。
- 新华社稿

▲ 1960 年 12 月，山西省交城县东风人民公社磁窑管理区食堂的炊事员们自己动手，为社员制作了酱、醋、什锦菜、老咸菜等 12 种副食品，保证社员冬季有菜吃。

– 新华社记者 张瑞华 摄

▲1961 年 1 月，甘肃省宁县九岭人民公社社员在食堂吃饭。
- 新华社记者 敏钟杰 摄

▲ 1964 年 1 月，一对老夫妇在北京著名的羊肉馆东来顺吃涮羊肉。北京的涮羊肉是距今 300 多年前从中国西北草原传入的一种名吃。涮羊肉的辅料主要有大白菜、粉条等。

- 新华社记者 黄景达 摄

▲ 1945 年，著名画家齐白石与家人。
- 新华社稿

齐白石老人爱画白菜，因为菜叶青菜帮白，有“清白”之意，更感恩白菜在困难年代的抚慰，写下“充肚者胜半年粮，得志者勿忘其香”。每年冬天，白菜运到家，老人都会画一幅白菜送给送菜工当作礼物，一时传为佳话。

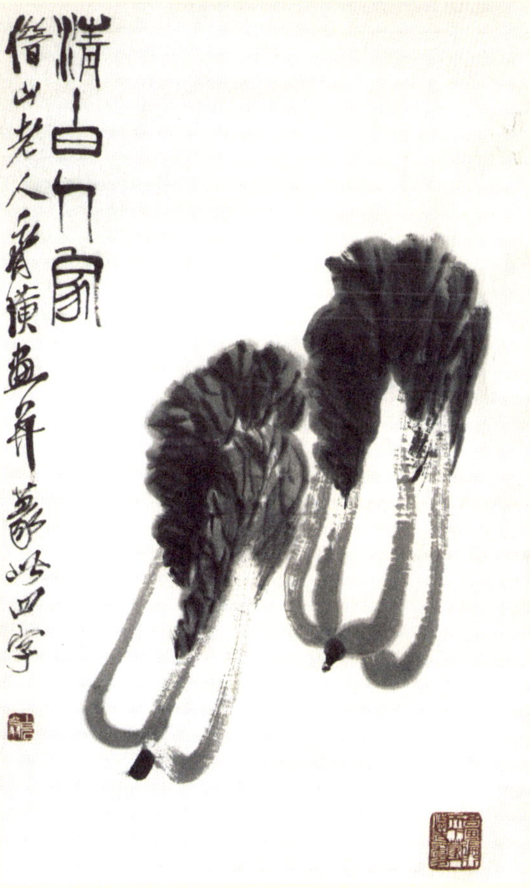

▲齐白石作品《清白人家》

计划经济年代，大白菜被列为“国家二类物资”，统一收购销售。保障老百姓冬天有白菜吃，是最重要的民生任务之一。

每年 11 月，要在十几天时间里完成白菜收割到上市，数万人投入，犹如一场全社会分工协作的“战役”。交通、公安、环卫等各部门都要为大白菜服务，气象部门甚至会专门提醒给菜保暖。

北京市曾成立专门的“秋菜指挥部”，俗称“白菜办”，任务是确保北京 400 万人“每人每天一斤大白菜”。

孙毓楼是当年秋菜指挥部核心成员之一，他回忆起当年的场景：

> 冬仨月就按 100 天算，一个人 100 斤，就是 4 亿斤白菜，全市菜店 1100 个，这个工作量就那么十几天完成，整个就是打一个战役啊！

买白菜也是大事，很多单位都有不成文的“白菜假”。白菜一上市，千家万户齐出动，常常是天刚蒙蒙亮，销售点前就排起了长队，大街小巷都是运白菜的人们。

◀ 1959 年 11 月，全国驰名的山东省胶县大白菜获得丰收。

- 新华社稿 孟宪基 摄

1 05532
008

▲ 1988 年 11 月 1 日，一位北京大娘用童车把买到的白菜运回家。据北京市蔬菜公司介绍，当天上市的大白菜估计有 300 万到 350 万公斤。

- 新华社记者 唐师曾 摄

◂ 1959 年 11 月 20 日，北京市东城区利用各种交通工具运输大白菜。

- 新华社稿

1978年改革开放，中国迎来了市场经济的浪潮。虽然大白菜销售点仍然排着长长的队伍，但变化开始悄然发生。南方的蔬菜顶着严寒挤上了北方的饭桌，大白菜“一统江湖”的日子成为笑谈。

1989年，白菜大丰收，在北京却出现滞销，政府不得不动员大家买“爱国菜”。电视、报纸、广播里，铺天盖地都在宣传推销白菜。

1991年，凭副食证、排大队才能买到的“百菜之王”，改为“敞开销售、自由选购、自愿储存”。菜架上，白菜从“唯一”变成“之一”，成为斑斓中最不起眼的“一抹白”。

但白菜的温润甘甜，永远留在了时代的味蕾上。这味道最平常，也最珍贵。

◀ 1988年11月，北京千家万户齐出动，买菜、晾菜、贮菜，繁忙而有致。

– 新华社记者 李明放 摄

▲2011年7月，甘肃“高原夏菜”上市。
- 新华社记者 朱国亮 摄

▲2012年3月，江苏省南通市一菜市场。
－新华社稿 崔根元 摄

▼2017 年 8 月 25 日，喀斯特地貌生态蔬菜品种多样性与园艺技术辐射示范展示会在云南省文山壮族苗族自治州砚山县举行，来自各地农业大学、农科研究机构、涉农企业代表 500 余人参加会议并实地观摩砚山国家现代农业示范园区展示的 500 个蔬菜品种及 200 多亩喀斯特地貌露天原生态无害化蔬菜示范种植区。
- 新华社记者 陈海宁 摄

编者讲述

【郝方甲 -《国家相册》微纪录片栏目导演】

大白菜，是我们纪念改革开放 40 年系列的一集。不少人问：这么大的题，这么土的菜，怎么挂上钩的？

其实，最早是我们的总编辑何平提出：《国家相册》能不能做一集大白菜？

啥？白菜？

第二天，小波老师像风一样冲到我身边：方甲！你都不知道大白菜的照片有多好！

打开一看，真的好极了。种白菜、运白菜、买白菜、吃白菜……那些场景如此熟悉，似乎就在昨天，但仿佛又离现在有一个世纪那么遥远。

白菜是北方冬天的“当家菜”，是餐桌上仅有的青菜，因其不可替代，被国家当作战略物资来保障，把白菜安排妥帖，是最重要的民生任务。后来，餐桌丰富了，白菜从“唯一”变成“之一”，悄悄成了斑斓中不起眼的“一抹白”。

这就是最好的改革开放故事。白菜不只是菜，有温度，更有时代。

【陈小波 -《国家相册》微纪录片栏目讲述人】

两周前，领导提出《国家相册》做一期白菜专辑，我心里还嘀咕：题材是不是太小了一点？

可我一去看档案馆照片，吓着我了！关于白菜的照片之多之精彩，就是做十期大白菜也用不完啊！从 50 年代初开始，每个时代，都有新华社记者在各个角落拍白菜。白菜与老百姓的命运如此休戚相关！没有白菜，不知北方人怎么过冬；没有白菜，中国人吃的历史要坍塌一大块……国际部薇薇送给我们那么意外的开头：1949 年 12 月开国第一次领袖出访，国礼中居然有五千斤山东大白菜！

北京分社几员大将出动采写，导演方甲数度打磨，几位领导坐镇修改，后期晓丽又是两个不眠之夜。

昨天晚上《白菜的味道》播出后，留言如潮，转发如潮。小小白菜带很多人回到不会再来的历史中，寒酸的日子、温暖的情感不言而喻。希望那种日子不要再来，而那种情感能够永存。

采访口述

【郭淑静 北京三井社区党委书记　张履端 北京三井社区居民】

“一到卖白菜的时候就堵车。”

我记得我小时候，一到卖白菜的时候就堵车，堵得特别厉害，家家户户都得买白菜去。大人们先是一车一车把白菜拉回来，然后再从车上往院里倒。一到冬天，院里被子下面盖着的都是白菜。后来菜供应充足了，买白菜就不那么难了，但是冬储大白菜还是北京的一景。

【孙毓楼 北京市菜蔬公司前党委书记】

“天天和打仗一样，老提心吊胆，哪出问题都是大事儿。”

大白菜一上市，我就没有两点前能睡觉的。白天有各种涉及农商和菜价的具体问题，到夜里是处理问题的高峰，还需要检查市场：看看市场还堆着多少菜，有什么安全问题，每天夜里都得转一次。天天真和打仗一样，而且老提心吊胆，不管是交通问题、菜的质量、农商矛盾，哪出问题都是大事儿。

改变

从“头”开始

从“不敢美”到“想要美”

从“没钱美”到“不会美”

再到“各美其美”

发梢上的变化

为时代留下了一个个鲜活的注脚

扫这里

看《国家相册》视频

讲述人：陈小波　导演：郝方甲　撰稿：高蕾　吴霞　后期统筹：胡玥聪

第七篇

从『头』美起来

▲ 1990 年 9 月 22 日，北京工人体育场第十一届亚运会开幕式上，走在前面举牌的礼仪小姐梳的就是“倒月牙形”的发式。

- 新华社记者　官天一　摄

你剪过时髦发型吗?

1990年，中国礼仪志愿者梳着“倒月牙形”的发式亮相北京亚运会，掀起了一股时尚潮流。

设计“倒月牙形”发式的是北京四联美发厅，那时每天都有二三十个姑娘跑来，点名要理这种“礼仪头”。

四联是北京的店，但师傅却是上海的。共和国成立初期，百废待兴，中央要求上海的服务业支援北京建设，1956年6月，在上海颇有名气的紫罗兰、华新、云裳、湘铭四家理发店进京，联合成立“四联理发店”。

邓小平在北京西单电报大楼接见了从上海举家来到北京的理发师傅们。他送给吴永亮师傅一本苏联的发型书，说:“你们要好好学习啊，把中国女同志打扮美丽是你们的光荣任务。”

▲ 1950 年 3 月 7 日，北京市妇女棉织厂女工抱着准备销售的大批袜子。当时女性的发型以短发和辫子为主。
- 新闻摄影局 王纯德 摄

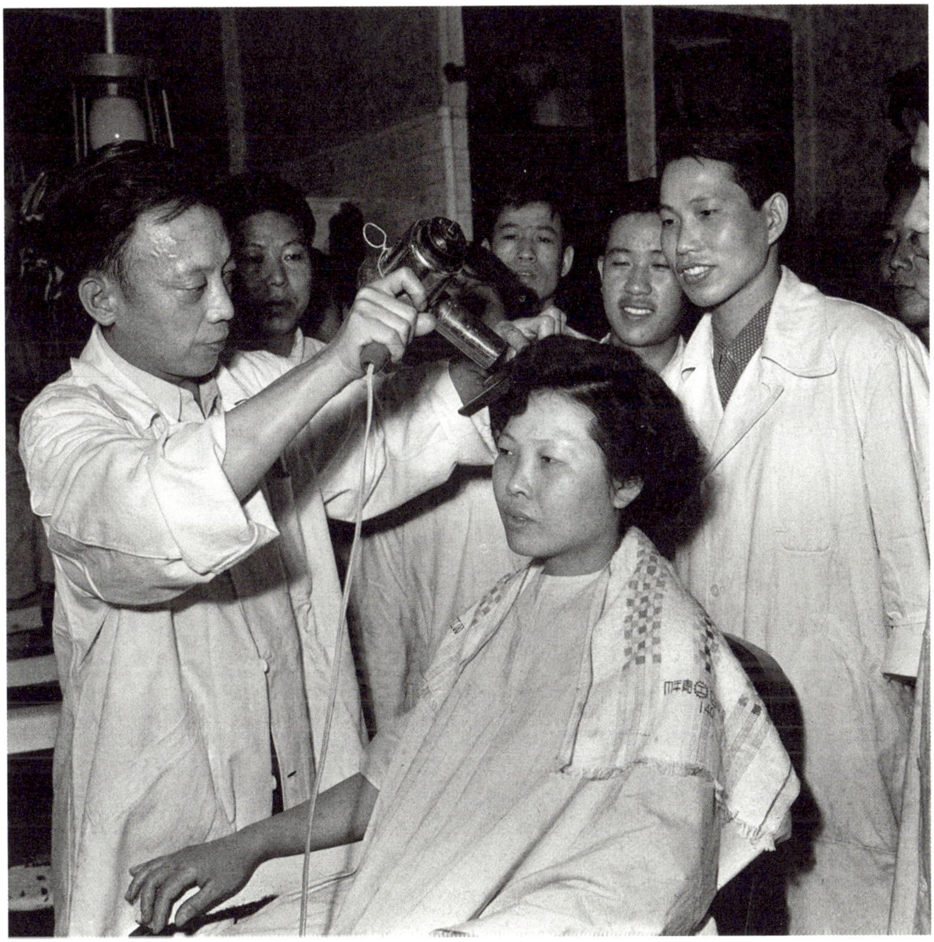

▲ 1956 年 6 月，天津和平区几位技艺较高的理发师在交流吹发技艺

- 新华社稿

◀ 1959 年春节，北京郊区南苑工作站的女社员在文化馆演出小合唱，她们都梳着两条长辫子。
– 新华社稿

◀ 1964 年 9 月，湖北省洪湖县杨咀公社“三八”养殖场的女社员采莲摘菱归来。
- 新华社记者 刘心宁 摄

3

很长一段时间以来，人们的发型千篇一律，女性不是齐耳短发，就是编着麻花辫，男性的发型更是乏善可陈。

陆恩淳，1957 年作为中国体操队队长去莫斯科参加第三届国际青年友谊运动会。临行前，他花了 8 块钱“巨款”在四联烫了个头。说起这段经历，陆恩淳至今记忆犹新。

我第一次出国是 1955 年，去波兰华沙参加国际比赛。到那里第一次看了白人、黑人……各种各样的人，人家看我们也很新鲜。有的外国人看见我们的女孩子，就过来撩裙子看是不是小脚，看男孩子都看后脑勺是不是梳着小辫儿。我们当时很气愤，怎么能这样看我们中国！

1957 年，中国体操队准备去苏联参加国际比赛。当时没有钱买西服，是从国家体委仓库里借的，回来还要还。头发嘛，就自己花钱去理理发。我听说四联从上海搬到北京，在王府井金鱼胡同，就想，我们去比赛，也得打扮打扮，让外国人看看中国运动员的精神面貌——中国人再不是梳着小辫儿裹小脚的人了。去烫个发！

那时，烫发是个奢侈项目，烫一次发花 8 块钱，对一般老百姓来说，相当高了，一个月工资才三四十块。我那时候挣 88 块钱，一狠心，拿出 8 块钱来烫发吧。到那儿之后，一个老师

◀ 1955 年 11 月，体操运动员陆恩淳在北京参加全国体操测验。1957 年，陆恩淳作为中国体操队队长去莫斯科参加第三届国际青年友谊运动会前，为体现新面貌，他专门花 8 元钱烫了头。
- 新华社记者 刘东鳌 摄

傅让我坐好，拿出一个火钳来，在炉子里烤热、烫红，往头发上一卷，滋啦！一冒烟，我就闻见烧煳了的头发味儿了。当时吓得我一哆嗦，人家说没关系，烫不着你。

在中国，50年代初期，一般男同志梳分头，女同志梳辫子。对我们来说，新中国成立前都是小姐、舞女才烫发呢。新中国成立后，人们生活水平提高了，外事活动也有了，打算美一点吧，女孩子也有烫发的，但是男孩子烫发的还真是很少。

80年代初，改革开放的春风吹动了老百姓的发梢，过去“不敢美”“没钱美”的问题解决了。似乎一夜之间，人们都铆足了劲，拼了命要美起来。新华社记者的镜头记录了一个“全民烫头”的年代：

1982年的上海南京理发店，平均每天要烫250多个头，最多的一天，烫了400个；

工具有限，那就因地制宜，拉萨的美发师想出了高压锅烫头的妙招：一个短短的管子，一头是哧哧作响的高压锅，一头是头发；

山东胶县李戈庄乡的一家理发店，仅在1984年一年，烫发超过一万人次。

▶ 1988年4月，在西藏拉萨一家发廊，由于条件有限，美发师利用高压锅产生的蒸汽为顾客烫头发。那是一个“全民烫头”的年代，人们都铆足了劲要美起来，条件有限，就因地制宜。

– 新华社记者 姜恩宇 摄

▲ 1984 年 8 月，山东省胶县李戈庄乡的几个姑娘在专业户理发店里欣赏上海等地的时兴发式。三年前，全乡烫发的不到 5 人，近一年来，烫发的达 1 万人次。

- 新华社记者 李锦 摄

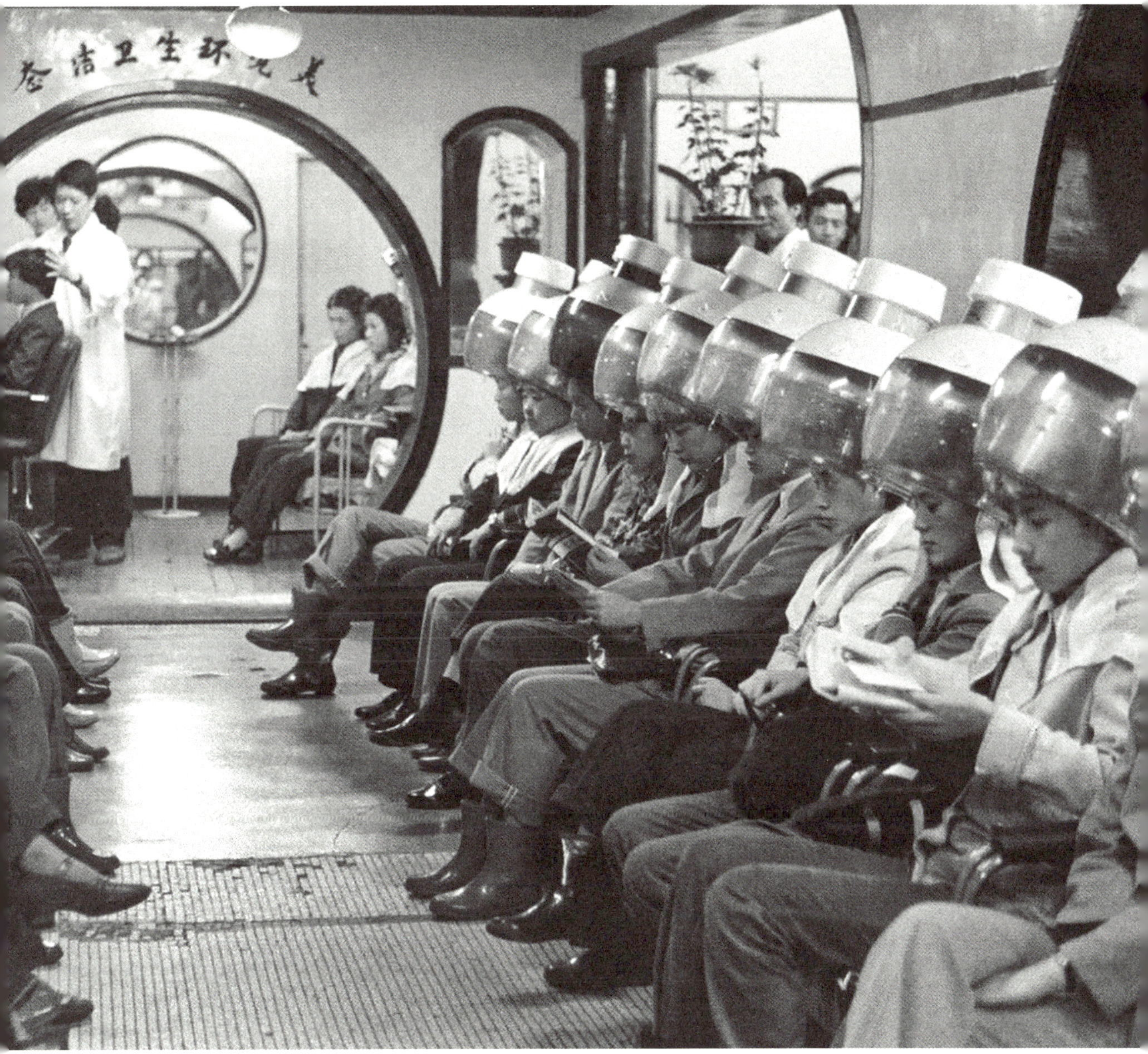

▲ 1982 年 1 月，上海最大的理发店——南京理发店平均每天接待 250 多名顾客烫发，星期天增加到 350 至 400 名。

- 新华社记者 夏道陵 摄

▲ 1991 年国庆前夕，北京妇女纷纷烫发美容准备过节。位于宣武门的一家发廊聘请了港澳发型师，每天有数百名妇女慕名而至，发型师不得不在店外露天给顾客美发。
– 新华社记者 唐师曾 摄

▲ 1987 年 6 月 23 日，61 岁的张学明（左二）是上海市南京美发店特级理发师，这是他正在为顾客做“张瑜式”发型。
- 新华社记者 柳中央 摄

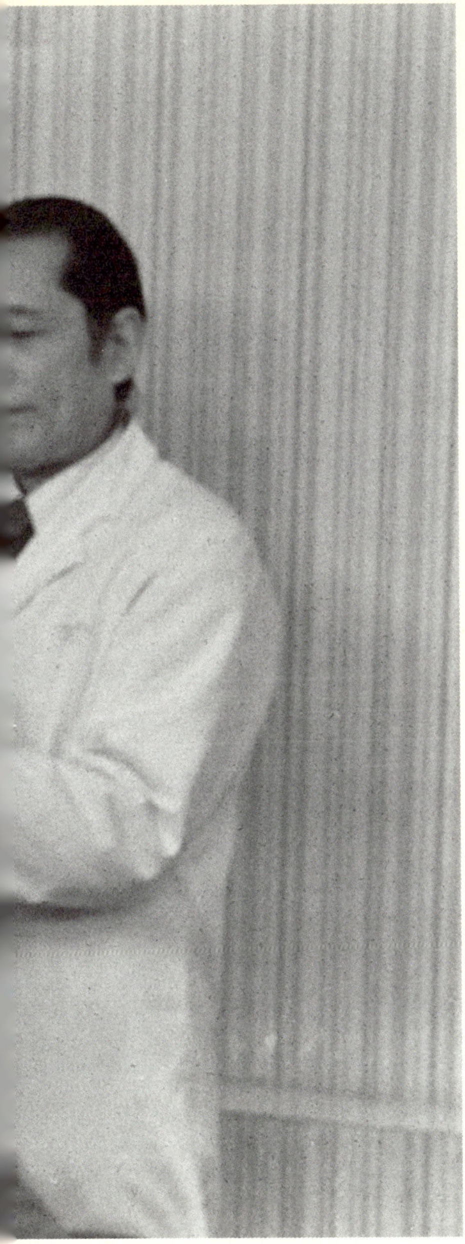

80年代，电影《庐山恋》的女主角张瑜红遍大江南北，但她在之后的电影《小街》中以短发亮相时，引起了巨大的争议。

给张瑜剪短发的，是当时上海南京理发店特级理发师张学明。他回忆说：

刚开始，剧组提议用假头发做，但又不够真实。后来让我跟张瑜沟通一下。我说：“张瑜，我给你把头发剪掉，可以吧？”她说：“没问题，你要剃光头都没问题！”

我心里有数了，就开始剪了。一剪刀下去，长头发剪掉了。导演讲：“哟，胆子这么大！”

这时，化妆师跳出来了：“你这样怎么行啊！张瑜以后不能出门怎么办啊！”我说：“你放心好了。不用三分钟，我让张瑜亮相给你看。”

结果张瑜的发型很有气质，很有朝气。他们说：“哎哟，了不起了不起！没想到！”本来南京理发店八年亏损了二十几万，“张瑜式”发型一出来，全国各地的人都来上海学习“张瑜式”发型，一年不到，全部亏损就回来了。

想美但不会美，怎么办？“摩登之都”上海成了全国时尚的风向标。一些美发厅推出咨询服务，专门给各地来信咨询的爱美人士回信。

80 年代末，上海、北京更定期发布“官方认证”的流行款。这些发型往往一经推出，就席卷大江南北，可谓是“一声招呼，千人一头”。

为了学习新技术、与“世界流行”对标，中国还邀请国外发型师来授课交流。

现在看，那时有些发型难免浮夸，也未必适合东方人，但这种求美、求变的努力，恰恰展现出开放的爆发力。改变，从“头”开始，小小发型背后的浩荡潮流，不容小看。

据统计，改革开放前，全国约有 1 万家理发店。而截至 2016 年年底，全国美容美发店已超过 18 万家，中国人每年花在头发上的钱超过 1300 亿元。

如今，美发已经成为居民日常消费项目，某种发型“一统江湖”的情景一去不返，“百花齐放”成为流行主题，中国美也在逐渐走向世界。

是鼓起来的钱包、日益成熟自信的审美，让人们对美的追求越来越有底气。发梢上的变化，为时代留下了一个个鲜活的注脚。

◀ 1978 年，上海南京理发店邀请已经退休的著名女式理发技师刘瑞卿回店当顾问，指导青年理发员。

- 新华社记者 夏道陵 摄

▸ 1988年4月10日，中国服装研究设计中心和中国服装杂志社在北京举行服装流行趋势发布会，推出1988—1989年秋冬季流行款式，模特梳着各式各样的流行发型展示服装。

- 新华社记者 戴纪明 摄

PUBLIS

店飯

◀ 2016 年 10 月 25 日，时装设计师张志峰的时装发布会上，模特们既展示服装又展示发型。
- 新华社记者 陈建力 摄

▲2010 年 12 月，一名发型师为模特制作创意花卉发型。

– 新华社稿 吴景腾 摄

▲2011年10月，一名发型师在为礼仪小姐梳妆。

– 新华社记者 李明 摄

编者讲述

【高蕾-《国家相册》微纪录片栏目《从“头”美起来》撰稿】

对于中国人来说，梳什么样的发型在很长一段时间关乎礼仪，不容丝毫马虎。到了现代社会，发型仍然是很多人追求美丽路上的“头等大事”。这一期《国家相册》栏目，我们选择讲老百姓发梢上的故事，希望用这个小切口，展现改革开放40年来百姓生活的大变化。

通过查阅资料，我们发现更多关于发型的逸事：出国前花8块钱“巨款”烫头想以此“扬我国威”的第一代体操运动员、用高压锅烫头的拉萨青年、敢一刀剪了“女神”张瑜（电影《庐山恋》女主角）长发的上海“理发博士”……从老百姓“不敢美”到“想要美”，从“没钱美”到“不会美”再到“各美其美”的变化过程中，我们看到了浩浩荡荡的时代潮流，更看到了改革开放40年来人们获得感的切实提升。

短短6分钟的短片，当然无法将那些曾经“一统江湖”的发型全部涵盖，但我们希望，通过展现发梢上小小的变化，能描绘出中国人那一股子“精气神”。因为我们知道，人们对百变发型的追求之中折射出的是对美好生活始终不变的追求和想象。

衣衫是个人的回忆

更是时代的风貌

在曾经蓝、灰、黑一统天下的年代

穿件花布衣裳就是时尚了

直到改革开放的春风

把街头吹得五彩斑斓

扫这里

看《国家相册》视频

讲述人：陈小波　导演：郝方甲　撰稿：王自宸 吴霞 杨青　后期统筹：曹晓丽

第八篇

那年

流行色

今年流行穿什么？你赶过时髦吗？

裙子长了又短，短了又长；裤子宽了又窄，窄了又宽：潮流一直在变，不变的是爱美的心。

在长达几十年里，蓝、灰、黑是中国服饰的主流颜色，女孩子穿件花布衣裳就是时尚了。

服装款式更是千人一面。再是爱美的姑娘，也只敢在细节上小小地花些心思，多掐一点腰身，多系一条纱巾，就够兴奋好一阵子了。

那个年代的时尚心理就是，想和别人不同，但又怕和别人太不同。

“布拉吉”是五六十年代的经典款式，就是俄语“连衣裙”的意思，是从苏联电影里学来的样子。“布拉吉”合体的腰身、飞扬的裙摆，点亮了一个时代。

◀ 20 世纪 50 年代末，哈尔滨亚麻纺织厂的女工们穿上了女经理吴桂兰（右一）带来的十多种样式的“布拉吉”。

– 新华社记者 胡伟 摄

◀ 1957 年 3 月，天津市缝纫供销社的职工研究出用旧大褂改制“布拉吉”连衣裙，墙上挂着的“布拉吉”就是用旧大褂改制的。
– 新华社记者 梁一丁 摄

新三年，旧三年，缝缝补补又三年。一块布料拆拆改改，曾是妈妈的上衣、姐姐的小褂、弟弟的书包、妹妹的套袖，最后成为爸爸裤子上的一块补丁。

尚不算富裕的中国人，还发明了一些“臭美”的小诀窍。

当时流行“假领子”，其实就是小半截衬衣。如果买不起高档衬衣，这个穿在外衣里面能以假乱真。70 年代，是上海人引领了“假领子”热潮。零布料不需要布票，人们就到商场里买零料，回来自己做，一做就做好几个，每天换一个。不明就里的人说：哎，你们上海人怎么每天都换一件衬衫？

不过，天再热，穿“假领子”的人也不能脱外衣，否则就露馅啦！

◂ 1951 年 3 月 5 日，参加北京市妇女先进生产者座谈会的先进女工在签名簿上签名，她们穿着相同的大衣和外套。

– 新闻摄影局 郑小箴 摄

▲1951 年 10 月 14 日，中央人民政府在北京举行欢迎中国人民解放军、中国人民志愿军战斗英雄代表大会。图为参加大会的机关干部。
- 新闻摄影局 刘庆瑞 摄

▲1953 年 8 月 23 日，消费者在天津百货公司和平路门市部选购花布制成的衬衫。

- 新华社稿

▲ 1955 年 3 月，身着相似服装的山东省莒县爱国农业生产合作社女社员们在选棉花种。
– 新华社记者 陈之平 摄

童

▲ 1961 年 4 月，河南省偃师县翟镇人民公社寇圪垱大队第一小队，被社员们称为“九朵红花”的九姐妹。

- 新华社记者 唐茂林 摄

◄ 1956 年 4 月 25 日，天津市妇女儿童用品商店开张。这是顾客在参观新式时装。

- 新华社记者 张映华 摄

◀ 1964 年 3 月 8 日，北京市举行“三八”杯女子长跑接力比赛。432 名女性体育爱好者参加了比赛。
– 新华社记者 黄景达 摄

随着1978年改革开放的号角吹响，日子好了，人们渐渐有了赶时髦的心情和能力。国外各种新奇款式陆续传入中国，越来越多的年轻人乐于通过夸张的服饰展示个性。

穿条裤子也会被围追堵截？这不是玩笑，而是真实发生在20世纪80年代。

1980年4月26日，在报纸刊载了一篇题为《不能眼看这些青年堕落下去》的文章，痛批穿喇叭裤、戴蛤蟆镜的时髦青年。

有的地方甚至组织“纠察队”，把守交通要道，见到穿着喇叭裤的，上去就剪。

还有牛仔裤、健美裤、高垫肩、超短裙……这些款式最初亮相时，都曾被认为是“奇装异服”，引起很大争议。

但有趣的是，反时髦的声音越大，时髦的身影越多。

1991年，新华社记者张小龙在大连商业街上抓拍了一幅照片，画面中女孩的回眸一笑和超短裙都令人印象深刻。张小龙认为，没有谁，能比女孩们更能呈现出改革开放后，中国女性冲破保守、拥抱时尚的勇气和决心了。

裤脚的大小与道德的好坏无关，这个道理人们很快就想通了。开放带来多元，而多元带来了包容，随着服装的变化，中国的面貌也越来越开放自信。

现在，世界各地的时尚装扮，几乎“零时差”出现在中国，出现在我们身边。

潮流循环往复，几十年前风靡世界的装扮，也许又成了今天的爆款，只有对美的向往从不过时、永不疲倦。

◄ 1991年8月，大连街头一位身着超短裙的时髦女青年。裙子长了又短，短了又长，裤子宽了又窄，窄了又宽，潮流一直在变，不变的是爱美的心。

- 新华社记者 张小龙 摄

▼2017年4月23日，福建省厦门市环岛路观音山海滩举行新品发布会，展示冬季时装。
- 新华社记者 陈建力 摄

▶ 2017年11月20日，在上海梅赛德斯奔驰文化中心，中国模特刘雯在后台梳妆。当晚，2017“维多利亚的秘密”时尚大秀将在上海梅赛德斯奔驰文化中心拉开帷幕。

- 新华社记者 丁汀 摄

VICTORIA'S SECRET

▲2016年4月11日，正在举行的2016秋冬上海时装周发布会，引来各路时尚达人，他们秀场里看模特走秀，秀场外也不忘秀一把自己。
- 新华社记者 任珑 摄

编者讲述

【陈小波－《国家相册》微纪录片栏目讲述人】

作为图片遴选者，找照片的过程神圣而琐碎。我得以和老摄影家及他们的经典作品再次相遇；但要找出合适的照片，我每周都要在新华社的中国照片档案馆出出进进，“翻箱倒柜”。

作为讲述人，在小小的昏暗的录音室读撰稿者写的文字，我有时会难过得念不下去，多次掉眼泪。而这一集《那年流行色》，我居然笑得念不下去。

这一集，讲的是几十年里中国服装的变迁。我念的时候，外婆、妈妈、姨妈、姑妈、大姐二姐妹妹以及我自己和小学、中学、大学女同学的影子一直在我眼前晃动。想着我们小时候一年只有一两件衣服穿的景况，感慨不已……

【郗方甲－《国家相册》微纪录片栏目导演】

改革开放之于中国面貌变化的另一重影响，是斑斓了街头。

虽然没有亲历过“蓝灰黑”的年代，但父辈的故事听了不下一打。想和别人不同，又怕和别人太不同，想美又不敢太美，想“嘚瑟”又囊中羞涩，是那个年代特有的时尚心理。

常说“新三年，旧三年，缝缝补补又三年”。缝补什么？除了破洞，更多是在拆改，旧物利用，这是那个年代巧妇的必备技能，妈妈们永远伏在缝纫机前“咯噔咯噔”踩着踏板，手里布头翻飞。

修改脚本时，突然想起了儿子的绘本《爷爷一定有办法》：随着布料变旧，孩子最爱的毯子在爷爷手中变成了外套、衬衣、手帕、扣子……于是写下“一块布料，是妈妈的外衣、姐姐的小褂、弟弟的书包、妹妹的套袖，最后变成爸爸裤子上的一块补丁”。

小时候，妈妈为了打扮我，和女伴们常相约着逛街买布料，还有不知从什么渠道弄到的日本裁缝杂志，比着上面的新奇样式做衣服。一边做，一边试，她们往我身上披挂一块又一块画满了粉笔道的布片，几天就能做出一身独一无二的衣服来。穿出门去，总被人问：这衣服哪买的？还有人买了布料送来，拜托妈妈帮他们做同款。

这样打扮的热情，等到了买成衣穿的年代，反而就没有了。大概因为做衣服不仅是生活需要，更是一种手工游戏。“手巧”带来的成就感，后来的衣服再贵，都无法替代。

国家

你是否知道

鸡蛋这种常见食品

曾经被当作“货币”使用？

你是否能够想象

几亿人的中国农村

在长达几十年里，买和卖只靠一个商家？

你是否听过

早在五六十年前，中国农民就体验过居家购物？

扫这里

看《国家相册》视频

讲述人：陈小波　导演：徐壮志　撰稿：范世辉 曹晓丽　后期统筹：曹晓丽

第九篇

农村的买卖

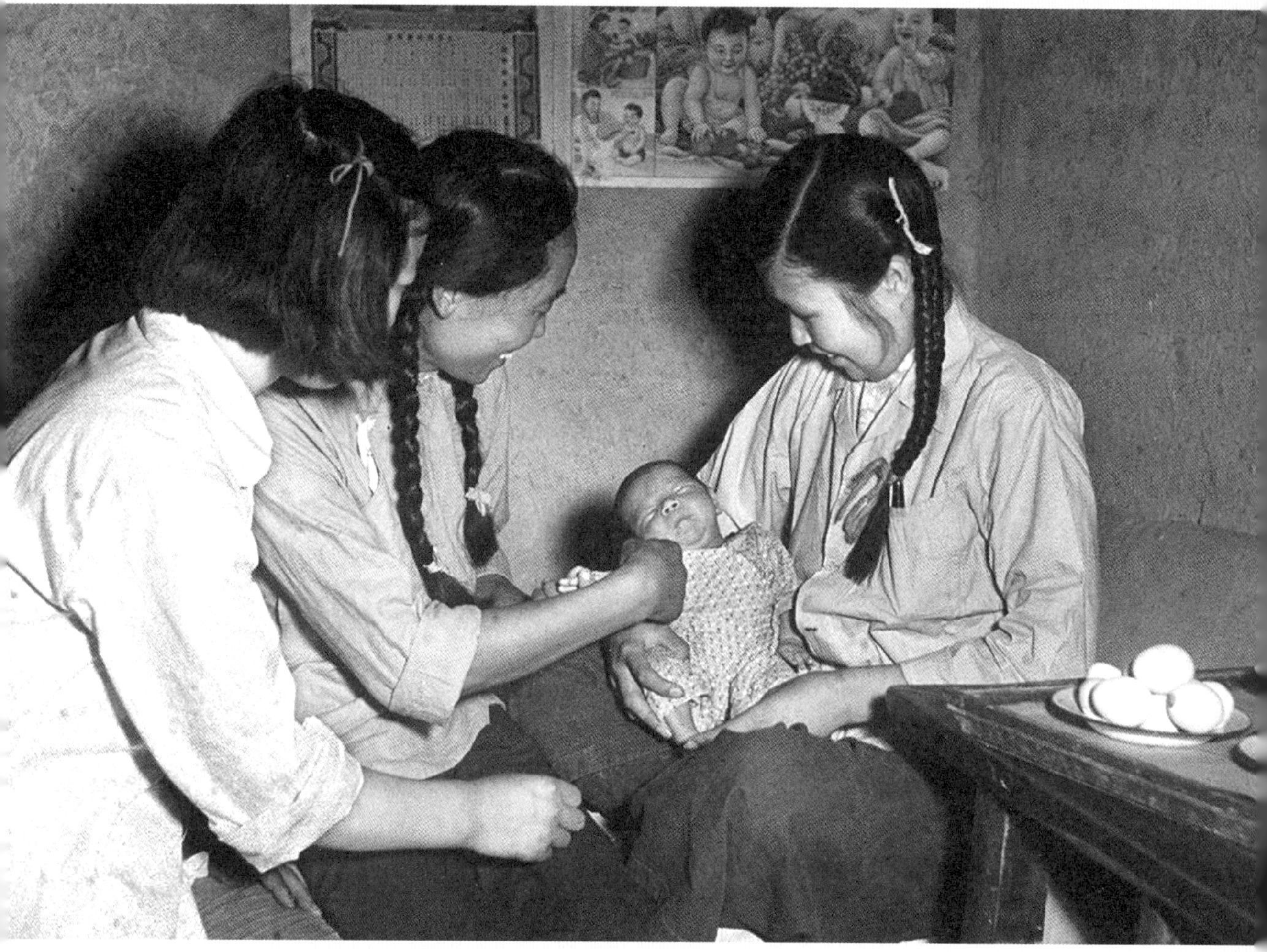

▲ 1956 年 7 月 1 日，河南省孟县五六一农业生产合作社社员陈淑珍（右一）的第一个孩子出生了。妇联主任杨执清（中）带着红糖和鸡蛋到陈淑珍的家里来“看喜”。

- 新华社记者 孙静 摄

鸡蛋，生活中最常见的食品。但在从前，它曾是珍贵的营养品。只有家里来了客人，或者有人生了病，产妇坐月子，主妇才舍得给碗里加个鸡蛋。这样的记忆，许多上年纪的人都有。

而鸡蛋当钱用的故事，你听说过吗？

人们手里没钱，就养几只鸡，需要什么东西就拿鸡蛋换。针头线脑、油盐酱醋，都用鸡蛋换。赵喜英曾是河北省沙河县禅房供销社的女售货员。她工作时，正赶上困难时期，农户家里最有交易价值的，就是鸡蛋了。一个鸡蛋 5 分钱，两个鸡蛋可以换一本孩子爱看的小人书，40 多个鸡蛋就可以从赵喜英手中换一块布，够做一件衣服了。

面对唯一能取出钱来的“鸡屁股银行”，主妇们望眼欲穿，每天都要把自家母鸡的屁股摸一遍，看看有哪只当天会下蛋。

攒够了鸡蛋，她们就开始盼着赵喜英到村里送货的日子。赵喜英还记得，“去哪个村送货，中午吃饭都是吃派饭（注：分配到老乡家里吃饭）。70 年代，在单位食堂里都吃玉米面，可一到村里，老乡们都给你擀面条，还给炒个鸡蛋。”

生活那么困难，鸡蛋那么珍贵，为什么农民舍得给赵喜英吃？因为那时，在地处太行山深处的禅房乡，村民们买东西实在太困难了。全乡 73 个村庄，农民出门买东西要走几十里崎岖山路，背 100 斤柿子出去，也换不回几斤盐来。

山里的人太苦了，老百姓都想着多干点活，多种点地，多收点粮食，山里交通不方便，出来得也少。我们作为全国先进供销社，与其他供销社不一样的地方，就是把老百姓需要的货物送到家门口，送到他们手里面。

我挑过最重的东西，一头是糖盐，一头是生产工具。几十斤的糖盐，一般都是男的挑。那次我想试试，结果把肩膀磨掉了一层皮。从那次以后，再重的活也不怕，也能担起来。

有一次我们送货路上遇到劈山，为了躲，把货撒得哪儿都是，最后石头还是打到头上了。路就是一个排车那么宽，只能过一个人，担子一甩就全倒了，担心东西坏了，老主任又是安慰又是帮忙收拾。

山路上有蛇，碰见了就躲着走。我们晚上往村里送化肥的时候还在山上见过狼，之前听说有人被狼舔了，半张脸都没有了，心头害怕得紧。

原来供销社的商品统一定价，价格也不高，人和人之间感觉很亲热，农民跟供销社关系很好。

赵喜英在供销社工作了 12 年。

▲1951 年 6 月，浙江省杭州市西湖供销合作社，社员们用卖茶所得在合作社买东西。

– 新闻摄影局　丁一　摄

▲1951 年 9 月 15 日，陕西省咸阳专区泾阳县云阳区第四乡的棉农去供销社卖棉花。

– 新闻摄影局 葛力群 摄

▲1954 年 12 月，河北省蓟县邦均镇供销合作社的营业员在数九寒天下乡送货。

－新华社稿

▲ 1961 年 4 月，西藏工布江达县太昭乡供销社藏族女售货员德钦杨宗背着商品到各个村庄，一边售货，一边收购土特产。全乡 11 个村子，最远的有 28 里路，德钦杨宗都走遍了。
- 新华社记者 林荧 摄

▲ 1961 年 8 月，云南省易门县城关中心商店“货郎担”在城关公社大营大队销售从外县采购来的大麻。

– 新华社记者 朱于湖 摄

▶ 1963年5月，西藏黑河县黑河区供销社主任多吉正准备给牧民送货。他从一个牧场到另一个牧场，把茶叶、布匹、日用百货等商品送到牧民手里。

- 新华社稿 陈珺 摄

今天的人可能难以想象，几亿人的中国农村，在长达几十年中，买和卖全靠供销社这么一个“商家”。

主妇当家的油盐酱醋，孩子爱吃的糖果瓜子，农民种地用的锄头斧头……在今天的人看来，供销社的商品种类十分有限，但那时，它却是农民唯一的“购物天堂”。

商品匮乏时期，许多东西都要凭票购买，限量供应。谁家办喜事，要早早跟售货员打招呼，请他们帮助备货。有时让买一条烟，就是格外的优待。

等着买东西的人太多，售货员常要临时把门关上，卖完一批后再开门接待下一批顾客。

有一次，一个人排队买米，却发现自己忘了带盛米的口袋。如果回家拿口袋，再回来肯定买不到了。他急得抓耳挠腮，死活占着柜台不肯走。后来，售货员急中生智，让他脱下裤子，绑住裤脚，用裤筒来当“口袋”装米，才解了围。

▶ 1951年6月，浙江省杭州市江干区梅坞供销合作社收茶站在评比茶叶。

－新闻摄影局 丁一 摄

主席說：合作社是
民的靠山、農民是合
社的主人，要買要賣
到合作社去。
評茶處
3
民主評茶

▲ 1955 年 3 月，河南省郑州市须水镇百货业合作小组组员正出发去赶庙会。须水镇百货业合作小组由九个小商小贩组成。
– 新华社记者 郝纯一 摄

百貨
鄭州市須水鎮百貨業合作小組
慶祝元旦
建設祖國
給合作社代收
一、生熟什銅
二、生熟鉄
三、蔴绳头、破布条
四、什骨头、頭髮
五、杏仁、桃仁
六、鴙毛、破鞋帮
七、弹壳銅、废錫

▲ 1956 年 5 月，天津李楼乡谢庄的农民在供销社购买商品。

- 新华社稿

▲1958 年 4 月，山西省寿阳县宗艾乡供销社的“货郎担”，足迹遍及 40 多个村庄。

－新华社稿 周树铭、张瑞华 摄

◀ 1965年8月，山东省栖霞县唐家泊供销社到农村收购土副产品和废旧物资。
- 新华社稿

▲ 1965 年 7 月，北京市昌平县南口镇供销社送到农村的日用品很受农民欢迎。

- 新华社稿

改革开放后，农民收入增加，各种小摊小贩、商店门脸如雨后春笋般出现，农村的买卖逐渐活跃起来。供销社，再也不是农民唯一做买卖的对象了。

孙建贞，原河北省元氏县赵同供销社主任。他上任时，赵同供销社已经连续亏损多年，连工资都发不出来。为了扭转亏损局面，他揣着 300 块钱奔赴几千里外的广东中山，谈成一笔 38 万元的大买卖。钱不够用，他每天只吃一顿饭，饿得不行，就喝自来水充饥。然而，孙建贞个人的苦苦挣扎，扭转不了供销社在市场大潮中低落的大势。

当年，中国有行政村 70 万个，而供销社的基层网点有 110 万个。1992 年至 1998 年，供销社基层网点以每年 10 万个的速度下降。到 1998 年，不少在村里设的供销社都没了，全国仅剩 42 万个基层网点。

最近几年，农民们发现，消失的供销社又回来了。帮外出打工的农民托管田地，发展农村现代流通，领办农民专业合作社……涅槃重生的供销社，正在更深地融入农民的生活。

背篓扁担的买卖时代已经远去。无论是新生的供销社，还是无处不在的网络平台，农村的买卖，都在变得越来越好做。

▲2017 年 1 月 10 日，在内蒙古阿巴嘎旗洪格尔高勒镇，牧民领到自己网购的商品。
互联网普及之后，网购成为主要购物形式，电子银行变成新的支付方式。吃、穿、住、行等与人们日常生活相关的商品都可以网购并在线支付。
- 新华社记者 连振 摄

▲ 2018 年 3 月 1 日，河北省南皮县农村电商仓储物流配送中心的工作人员在给南皮县刘八里村电商服务站配送货物。近年来，南皮县积极探索电商扶贫模式，已实现电商服务站行政村全覆盖。

- 新华社记者 牟宇 摄

▲2018 年 4 月 21 日，贵州省黔东南苗族侗族自治州镇远县青溪镇铺田村农户在搬运采摘好的玫瑰花。近年来，当地积极推进农业与乡村旅游等产业相融合，采取土地流转形式和“公司 + 基地 + 农户”管理模式，结合当地花酒、干花等市场需求，鼓励农民发展 5000 余亩玫瑰花种植，助推乡村振兴。

- 新华社稿 蔡兴文 摄

编者讲述

【李柯勇 –《国家相册》微纪录片栏目监制】

一直想做这期“供销社”，因为我就是在供销社大院里长大的孩子。后来慢慢得知，身边的同类还很多。但是，等片子拍出来以后才发现，这个供销社远不是我儿时记忆中那个供销社，那个仿佛阿里巴巴宝藏般的五光十色的供销社。

当时，镇里的供销社就是个小世界，百货大楼、副食品店、药店、糕点加工厂、旅馆、饭店、饺子馆、废品收购站，什么都有，哪里都是好玩的去处。百货大楼后面有个大库房，门外经常丢着一些没人要的商品，对我们来说却是很好的玩具。有一次丢的是满满几箱白铁皮做的马灯，还都好好的，没人用过。那几天，满院的孩子人手一只马灯，晃晃悠悠地到处跑着玩，年龄大一点的还能比画一下《红灯记》。

那些年，曾盛极一时的供销社已经开始没落了，在个体户的冲击下风雨飘摇，就像那只精致而过气的马灯，渐渐地被抛到了市场经济的门外。再后来，小世界就崩溃了，院子一片片被卖出去，房子一栋栋被废弃，我们玩耍过的地方长满了荒草，身边的人也一个个离开了供销社。后来在北京看到中国供销集团的招牌，我都很诧异：供销社原来还活着呢？活着就好，哪怕它已经变得认不出来。

供销社的根在农村，做的应该是最接地气的生意。它要重生，希望也在那广袤深厚的土地里。无论如何，祝它生意兴隆吧。“陌生人，我也为你祝福 / 愿你有一个灿烂的前程。”

【徐壮志 –《国家相册》微纪录片栏目导演】

供销社这个选题，唤起了许多 70 年代以及之前生人的满满回忆，同样也唤起了许多“80 后”以及更后的年轻人的兴趣。

这个听起来很像超市的供销社，在长达几十年中，曾经一肩挑起全中国几亿农民的买和卖。而在改革开放后，这个臃肿僵化的庞然大物在市场竞争中一度节节败退，最终却又在互联网商业时代寻找到了新的生存空间。

这是一个足够曲折的故事。更重要的是，我们在照片档案馆中找到了大量极为精彩的照片。

已然望见了宫室之美，我们却好几个月不得门墙而入。资深农村记者范世辉先后发来超过 10 个脚本，后期“大班”曹晓丽找来了几十个人物线索，但我们却始终找不到感觉。

反复翻看档案馆里的老照片，我们注意到，在许多涉及供销社的照片上，都有鸡蛋的身影。再查阅资料，原来，在那个缺钱的时代，鸡蛋在农村交易中曾长期扮演着货币的角色。一个鸡蛋为引，本集《国家相册》由此登堂入室。

果然。发片后，在数不清的留言中，几乎都围绕鸡蛋而来。

一块白色幕布

映着你的笑语

一段黑白胶片

放出你的欢乐

露天电影场的回忆

载着你的芳华

随着改革开放大幕拉开

电影银幕日益五彩斑斓

我们迎来了新的电影繁荣期

扫这里

看《国家相册》视频

讲述人：陈小波　导演：郝方甲　撰稿：郎秋红　夏军　后期统筹：胡玥聪

第十篇

今晚放电影

▲ 1954 年 10 月，新疆文化局电影放映队来到帕米尔高原，给柯尔克孜族牧民带来丰富多彩的文化生活。
- 新华社记者 王平 摄

看一部电影，用一两个小时体验别人的喜怒哀乐，等银幕落下，你还是你，我还是我。

几十年前，看电影是件隆重的事。电影院只在大城市有，农村地区看电影，全靠放映员人挑肩扛，露天放映。每次传来“放电影”的消息，村庄都沸腾起来，主妇早早做饭，年轻人梳洗打扮，孩子天不黑就要拿着小板凳去占位置，常常不惜翻山越岭。

放映员用木杆撑起白色幕布，一边放一边蹬着飞轮发电，手摇放映机吱吱响起，另一个世界就在人们眼前展开了。

1981 年，爱看电影的广西宁明县峙浪乡韦家三兄弟，组成了一支乡村电影放映队。三兄弟下乡，村民常争着帮他们扛放映机，只为能先睹为快。韦家老二和老三更因为放电影娶到了心仪的姑娘。韦柯回忆道：

> 片子都是普通话，当地百姓听不懂，我们用喇叭翻译给他们听，不时还要用喇叭来喊人。有一次一个妇女很着急地跑过来说：“帮我喊我老公出来，我家里面的老母猪生猪崽啦！”

▼ 1955 年冬天，内蒙古集二线铁路沿线的农牧民在看电影。当年，全国已有 3600 多个电影放映队，平均每个县基本上都有一个。

- 新华社稿

▲1958 年，吉林延吉回乡参加农业生产的知识青年李基钟担任了放映队的放映员。

- 新华社记者 刘恩泰 摄

▲ 1959 年 5 月 5 日，在西藏拉萨新建的第一个人民电影院门前，拉萨第三小学的小学生等候入场。

– 新华社记者 刘长忠 摄

▲1960 年夏天，山东掖县电影放映队为庆祝小麦丰收，在田间为农民放映白昼电影。

- 新华社记者 李成美 摄

▲ 1965 年 11 月，农村电影放映队在江苏省丹徒县江心公社给社员放映《李双双》。
- 新华社记者 丁峻 摄

▲ 1962 年 3 月，黑龙江省双城县第二放映队由三个姑娘组成，她们负责为青岭、东关两个公社的 30 多个生产队放映电影。这是放映员隋淑珍在放电影。
- 新华社稿 张戈 摄

不过，电影可不是谁都会放的。

新中国成立后，为了让更多人看上电影，1950 年，中央电影局在南京举办了第一期放映员培训班。全国各地选派了 2000 多人来参训，人实在太多，连桌椅板凳都不够，学员就坐在院子里听课。

袁志舜，参训时只有 16 岁，是班里最小的学员。培训了四个月，袁志舜作为新中国第一批电影放映员，被分配到江苏镇江。整个镇江只有一家电影院，更多时候，袁志舜和同事们要带着放映设备去放映点，单位礼堂、工厂车间、田间空场……能坐人的地方，都能用来放电影。84 岁的袁志舜回忆道：

> 我们到淮河工地慰问修淮河的民工，带了一部影片叫《中国人民胜利》。电影结尾的部分，毛主席在天安门宣布“中华人民共和国中央人民政府成立了”。在收拾银幕的时候，我们发现银幕后面有一个老太太在找东西。我问她：“老太太你找什么呢？”她说：“我找毛主席。”

那时候，电影太新鲜了，很多人还不会看电影，换个场景或出现个新人物就跟不上情节了。放映员还要当解说员。还有时，放映员要在电影开始前先用幻灯片“预告”一遍人物和场景，“剧透”完再放映。

▲ 1955 年 12 月，甘肃省文化局主办的电影放映训练班的学员在检查电影放映机和影片。这一期学员有 120 多人，都来自农村。

- 新华社记者 赵淮青 摄

▲ 1955 年，宝成铁路的筑路工人每隔一周就能看到一部新影片。这是放映队的放映员正在检查刚运到的影片。

- 新华社稿

◂ 20 世纪 50 年代，山西省平遥县第二电影放映队队长陈秀莲在为农民放映电影。
- 新华社记者 张瑞华 摄

▲ 1965 年，山东省章丘县农村科学技术宣传队在放映故事片之前，用三镜头幻灯机放映自己绘制的新人新事的彩色幻灯片。

- 新华社记者 李汉孝 摄

那时电影少，几部片子反复放，很多台词成为经典。

> “851851，我是延安我是延安……”
> “为了胜利向我开炮……”

这些台词来自《英雄儿女》，这是曾经最受观众欢迎的影片。电影拍摄于1964年，扮演“向我开炮”的演员刘世龙，一生都被人叫作王成。刘世龙之子刘晓阳在采访中谈道：

> 70年代末的时候，有一场边境的战斗，结束以后有几个战士上厂里来，说要见王成。见到我父亲之后，他们就跟我父亲说：“王成同志，在战斗中我们就是喊着您的名字冲上去的，这一去有很多战友就没回来。今天，我们也是代表他们向您敬一个军礼。”

英雄电影寄托了一代人的英雄情结，勾起了无数人的英雄梦，在观众眼里，扮演者也与英雄成为一体了。电影《平原游击队》上映后，双枪打鬼子的李向阳一夜之间家喻户晓。有一天，李向阳的扮演者郭振清排队买肉，售货员特地砍下五花三层的好肉给他。队伍里别人有意见，售货员理直气壮地说，他是李向阳，你要是李向阳，我也砍好的给你。

▲ 1990 年 12 月 15 日，内蒙古阿拉善右旗孟根宝力格的牧民在观看电影。

－新华社记者 白斯古郎 摄

1978年年底，改革开放大幕拉开，电影银幕变得五彩斑斓起来。电影主题更多元了，但每个人心中都有一部深刻影响自己的电影。

1981年，电影《庐山恋》出现了新中国电影史上第一个亲吻镜头，引起巨大争议。但伴着开放的步伐，人们对浪漫爱情的憧憬、美好事物的期盼越来越敢大声讲出来。

1982年，电影《少林寺》风靡全国，引得一大批青少年涌向少林寺，追求武侠梦，更在国际上掀起一股中国功夫潮。

袁志舜当了一辈子放映员，从最初推着独轮车流动放映，到后来有了专门的电影院、文化宫，他见证了电影的“登堂入室”。

现在中国有5万多块电影银幕。2017年一年，中国生产故事片798部，超过改革开放前拍摄电影的总和，票房累计500多亿元。我们迎来了新的文化活跃、电影繁荣期。

一个时代讲一个时代的故事，一部电影有一部电影的用心。电影越来越多，每一部都是电影人想要讲给你听的故事，哪一个讲到了你心里？

▶ 2014年8月6日，在河北省固安县林城村，村民在观看电影。齐全国是林城村村民，从2002年起，他先后投资30多万元，购买了6部老式放映机和高清数字电影机、3000多部电影拷贝，为村民、外来农民工等免费放映电影1300余场。

- 新华社记者 王晓 摄

你作为一个大夫

编者讲述

【郝方甲 -《国家相册》微纪录片栏目导演】

几个月前，撰稿们提到了新中国的第一批电影放映员。中央电影局 1950 年曾组织了一次放映员培训班，两千多名学员在南京学习了 4 个月。这批人被分配到各地，就成了“放电影的人”。

说是有 2000 多人，但记者们找了一圈，竟没有找到适合采访的人。

直到发片前一周。

突然想起有人提过，我先生的爷爷袁志舜就是电影放映员。

赶紧打电话问，老人家竟然就是参加过那次培训的第一批，而且是班里年龄最小的学员！电话里“采访”了一个小时，简单整理出来给大伙儿看，都说精彩。故事写在脚本里，小波老师录音时更是笑得读不下去。

最鲜活动人的内容，永远在人身上，不在历史资料堆里。《国家相册》期期钩沉，每当无路可走，都是在找到对的人后柳暗花明。用《国家相册》找故事的标准去和历史人物聊天，会发现大量曾被忽视的珍贵细节。

这次是自己家的老人，那别人呢?

若不是做《国家相册》，我过去从未用历史的眼光看他们。

《国家相册》若发起互动话题，我一定要建议年轻人回家去，多和老人聊聊天。不单是为了爱和陪伴，更是他们值得被倾听。

他们不是一直像现在这样苍老，他们也曾有与我们一样的青春和奋斗，他们就是历史。

采访口述

【袁志舜 电影放映员】

“去放电影必须带上发电机。”

我1950年参加了中国第一届的电影放映培训班，是当时的中央文化部在南京办的。这个训练班有2000多人，除了西藏和台湾，其他各个省的学员都有。我来自江苏，毕业以后就分配到镇江从事流动电影的放映工作。当时好多地方电都没有，去放电影必须带上发电机。

“我暗下决心，我这一辈子什么都不干，就放电影。”

我当时年纪很小，暗下决心，我这一辈子什么都不干，就放电影，我热爱这工作，一直到退休，44年我都从事电影工作。我们经常去基层放，不管是农村的、工厂的，还是部队的，每一个月给他们放一场电影。为了让群众看懂电影，在关键时刻我们都用话筒，简单地用当地的语言解释一下。这样，广大群众就能看懂、能理解。

“北京电影博物馆，有我们以前放流动电影的机械模型，我买了一个摆在家里面。”

现在的电影院座位舒适了，跟以前不能比了。电影的清晰度、效果都比以前有很大进步。但是呢，我还是留恋过去一场电影那么多人，上千，甚至几千人的场景。我去北京旅游，北京有个电影博物馆，有我们以前放流动电影的机械模型，我买了一个摆在家里面。

车轮飞转

似乎是时光的年轮

自行车是舶来品

却在人口众多的中国得到大发展

从皇家专享

到大众代步工具

再到共享单车

伴随中国的进步

见证中国人生活的改变

扫这里

看《国家相册》视频

讲述人：陈小波　导演：郝方甲　撰稿：王清颖　后期统筹：曹晓丽

第十一篇

车铃

响叮当

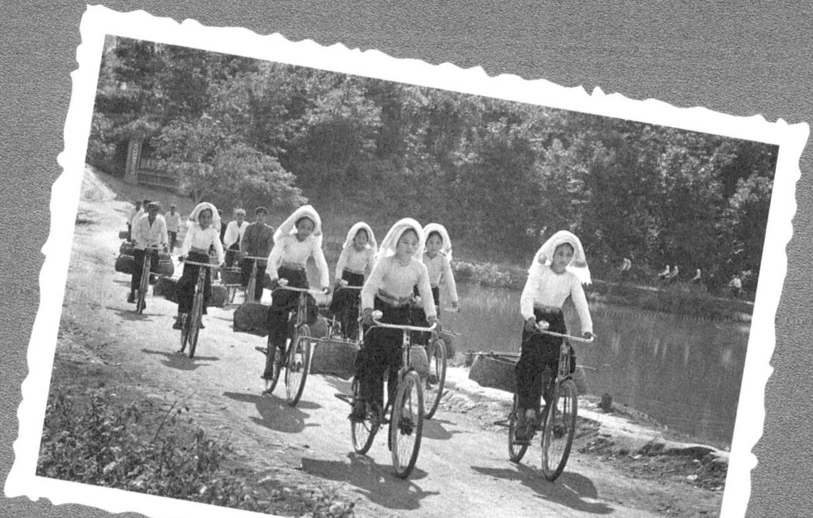

▲ 1931 年夏，徒步和骑自行车作环球旅行的上海青年潘德明。

- 新华社稿

共享单车，自带青春流量。扫码开锁，即开即骑，前人怎能想到，今天我们这样骑自行车？

车轮飞转，似乎是时光的年轮。

历史上最原始的自行车是法国人西夫拉克于 1790 年发明的。一个半世纪前，自行车传入中国。末代皇帝溥仪的大婚礼物之一，就是一辆自行车。为了骑车方便，他还命人把宫门的门槛锯掉，古老的故宫里响起清脆的车铃声。

据历史学家研究，最早骑车的中国女性是宋霭龄，1899 年，她得到了一辆自行车作为十岁生日礼物。

晚清民国时代，自行车逐渐走入百姓家，和自行车合影成为一种时尚。不管会不会骑，都要扶着照张相。作为一种交通工具，自行车让人们走得更快更远。

照片里这个青年，叫潘德明，他是第一位骑自行车和徒步完成环球冒险之旅的中国人。1931 年，潘德明骑着一辆英制的“兰瓴牌”自行车，从南京出发，开始环球之旅。他途经五大洲的 40 多个国家和地区，历经 7 年多，行程数万里。

一个人的旅途充满艰辛。挺进阿拉伯时，他断水断粮，昏厥在沙漠中；在耶路撒冷，他的自行车干脆被一伙儿盗贼抢走；在保加利亚，因为不了解这个国家摇头表示对、点头表示错的习俗，走错方向，越骑越远。

到达奥林匹亚，他在报上看到中国因为没钱，不派运动员参加第十届奥运会时，在纸上写下了两行大字："中国人潘德明步行到此"，愤而贴在古运动场遗址的石柱上。

潘德明一路走，一路请人留言。返国后，他自制的《名人留墨集》，总重达 4 公斤，有 1200 多个组织团体、数十位世界名人的签名题词及当地邮戳。

这个勇敢的青年代表着渴望了解世界，也渴望被世界了解的中国人。

▶ 1956 年 1 月 19 日，重庆手工业者陈涛（左）和儿子参加庆祝手工业全部合作化游行。过去，为了糊口，奔跑十几个省修理自行车的陈涛，现在参加了重庆市铁作业自行车组生产合作社。

- 新华社记者 刘诗临 摄

囍

▼ 1954 年 9 月，河北省成安县西魏村社员劳动一天之后骑自行车回家。
- 新华社记者 盛果 摄

▼20 世纪五六十年代，北京西长安街骑自行车的人群。

- 新华社记者 蒋齐生 摄

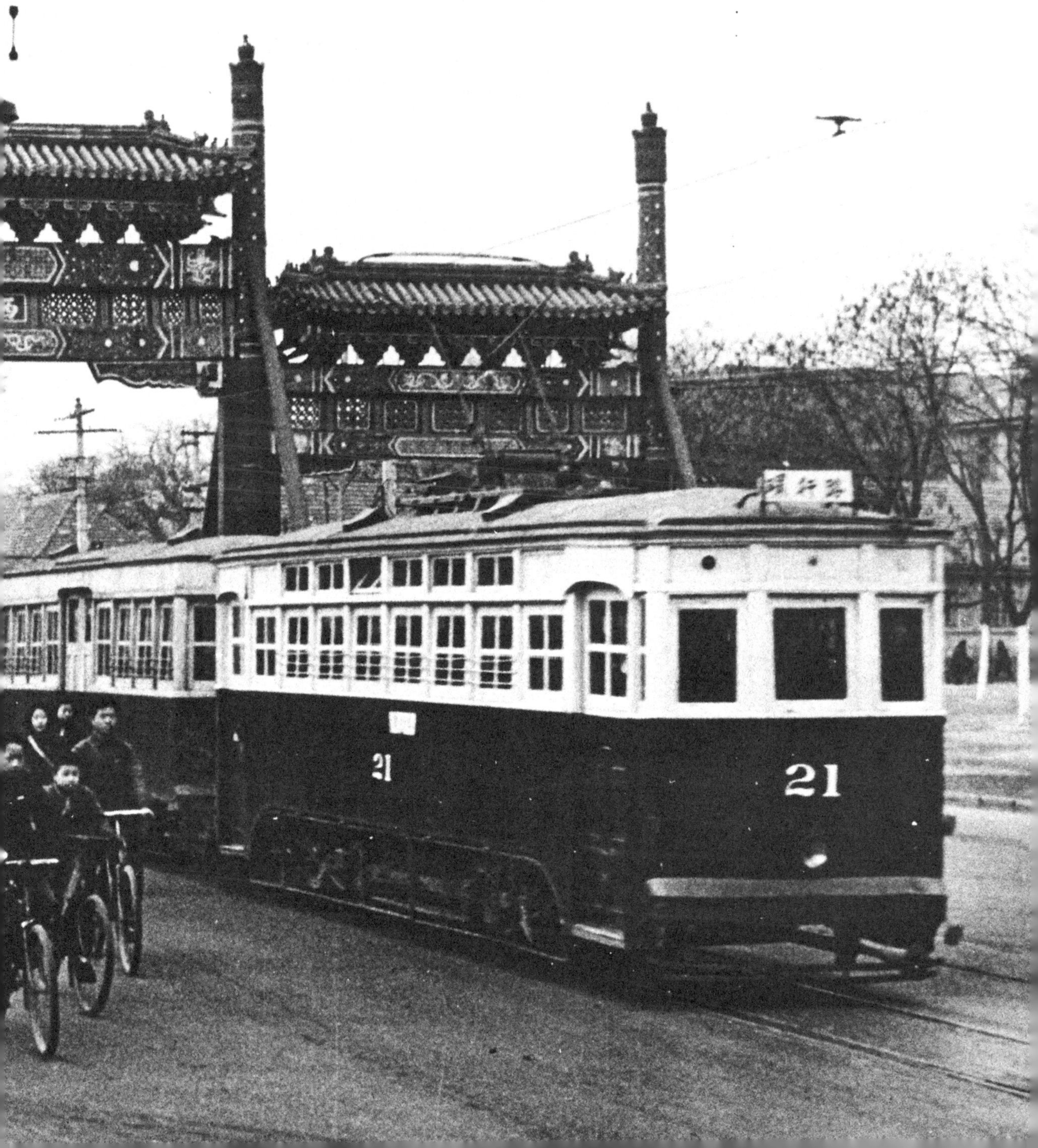

◀ 1957 年，山西省太谷县新联农业社社员张栓保买了有生以来第一辆自行车。
- 新华社记者 张瑞华 摄

▼ 1958 年 10 月，内蒙古自治区呼和浩特市蔬菜公司动员所属机关的 200 多名职工，临时组成了运输大队，利用自行车、排子车、三轮车等运输工具抢运蔬菜。
– 新华社记者 阿尔泰 摄

▲1973 年 6 月，云南西双版纳傣族社员骑着自行车到地里去劳动。

- 新华社记者 朱于湖 摄

新中国成立后，自行车成了中国最普及的交通工具。潮水般的自行车流，是最经典的中国符号和街头景象。中国，被称作“自行车上的王国”。在汽车尚未普及的年代，除了出行，自行车也被用来拉货、带人。两只轮子驮起全部生活，骑自行车成了必备的技能，学校、工厂，农村、城市，各种活动都有自行车的身影。

女子结婚，陪嫁品要“三转一响”，其中“一转”，就是自行车。很多新娘带着幸福的笑容，坐在自行车后座出嫁。

那时的自行车凭票购买，光有钱，是买不到的。1981年秋，湖北应城农民杨小运超额完成征购任务，组织问他想要什么奖励，杨小运说：我想要一辆“永久”牌自行车。

时任上海自行车厂厂长的王元昌写信给《人民日报》表态：“杨小运的要求，就是农民兄弟的要求，农民兄弟要‘永久’，‘永久’工人要尽责。”

杨小运拿到了自行车，成为了计划经济年代轰动一时的新闻。回忆起那辆自行车，他笑道：“30年后买个小汽车都不会有这么大的影响！”大会上，他的发言是公社一个秘书代写的，里头两句话他至今记得：骑上“永久”牌自行车，永远走在社会主义的大道上。

杨小运的自行车在骑了七年后，被湖北应城市档案馆收藏。

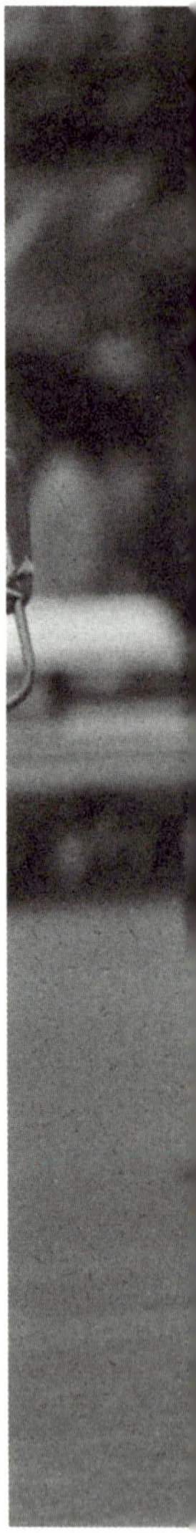

▲1979 年 12 月 12 日，广州市第二幼儿园举行小自行车比赛。
- 新华社记者 孙志成 摄

▲ 1995 年 8 月，湖南省长沙市出现 40℃的高温天气，人们骑自行车纷纷用上太阳披。
– 新华社记者 蔡国胜 摄

“永久”“飞鸽”“凤凰”是那个年代中国自行车的大明星。1989 年，全国共有自行车两亿两千万辆，平均每分钟就有 63 辆新车出厂。

“飞鸽”牌自行车诞生于 1950 年，是新中国成立后我国自行设计、生产的第一个自行车品牌。1989 年 2 月，天津自行车厂把“飞鸽”牌自行车作为礼品，送给来华访问的布什夫妇。

从步行、骑马，到骑自行车、开汽车，轮子上的中国人越走越快，越走越远。时代飞速发展，自行车承载着生活的热望，见证了人们的日子越过越好。

◂ 1989 年 2 月 25 日，应邀访华的美国总统布什和夫人试骑赠送的“飞鸽”牌自行车。
- 新华社记者 王新庆 摄

▲ 2010 年 6 月 19 日，游客在夕阳下骑自行车游览上海世博园丹麦馆。
- 新华社记者 沈伯韩 摄

▼ 2012 年 7 月 7 日，参加环青海湖国际公路自行车赛的参赛选手在比赛中骑行。
– 新华社记者 张宏祥 摄

京K 3

▲2014 年 3 月 27 日，湖北省武汉市志愿者骑公共自行车宣传低碳出行。
- 新华社记者 程敏 摄

◀2012 年 3 月 28 日，在北京市丰台区蒲黄榆路口，骑车人在车流中骑行。中国被称为“自行车王国”，随着汽车进入寻常百姓家，自行车的状况也发生了变化。
- 新华社记者 李文 摄

▲2016 年 9 月 7 日，车辆在沈阳市浑河大桥匝道排队上桥。
- 新华社记者 杨青 摄

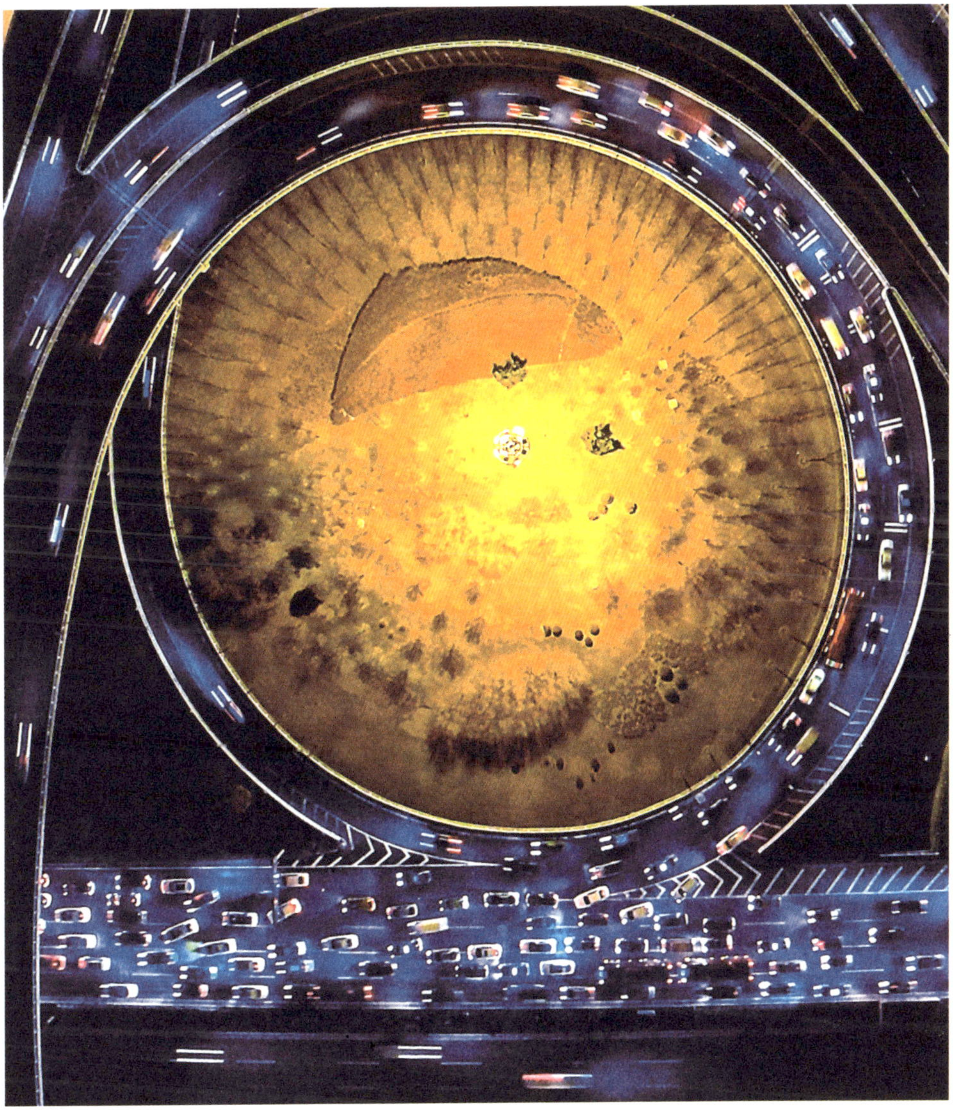

▲ 2016 年 12 月 24 日，在夜色中俯瞰天津市快速路上的立交桥和车流，流光溢彩，别具特色。

– 新华社记者 岳月伟 摄

▲2017年8月16日，一群“90后”小伙儿顶着烈日悄然穿梭于天津大街小巷，他们是某品牌共享单车的运行维护工作人员，被称为“单车调度员”。
- 新华社稿 史淞予 摄

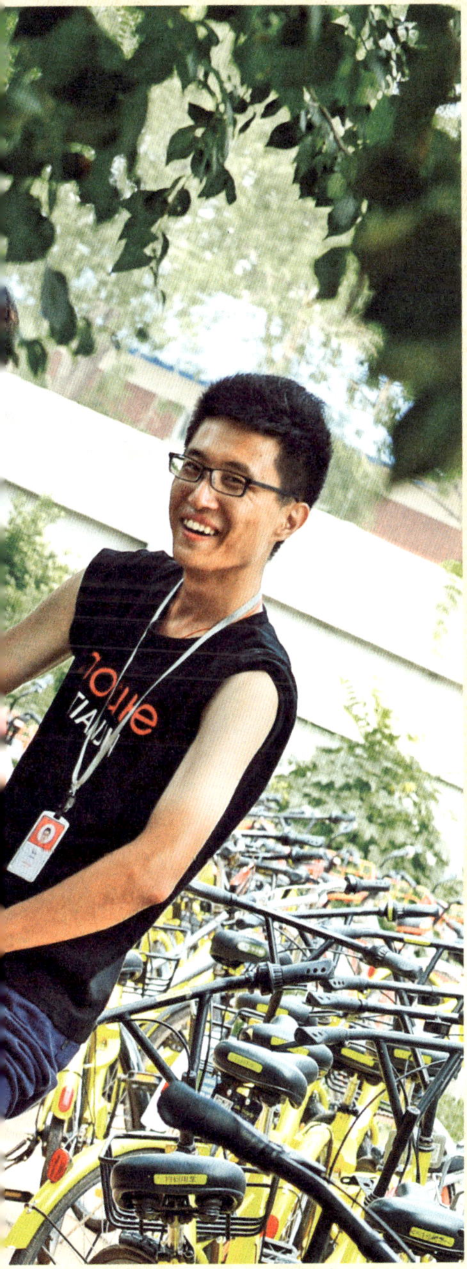

编者讲述

【王清颖 -《国家相册》微纪录片栏目撰稿】

对于中国人来说，自行车再熟悉不过了，如空气一般。

最终这期脚本定稿 1200 字，我查阅的资料至少超过 12 万字。在阅读与思考中，我逐渐清晰了这一期的切入点：时间。

自行车是舶来品，却在人口众多的中国得到大发展，伴随中国的进步，见证中国人生活改变……从皇家专享，到大众代步工具，又成为“新四大发明”之一。

如此切入，既能铺陈自行车与中国的一些鲜为人知的故事，更能因为自行车在中国的不断“进化”而引起观众共鸣。

因此，我将这一期的主题写为：车轮飞转，似乎是时光的年轮。

《国家相册》透过老照片回溯历史，“时空感”是关键。短短几分钟，昨日沧桑，化为今日感叹。

火炕、炭盆、蜂窝煤……

寒冬里

你用过哪种？

改革开放

中国国力迅速发展

在城市里

污染严重的煤正逐步被油和气取代

集中供暖也越来越普遍

不管取暖的方式怎么变化

不变的

永远是家的温暖

扫这里

看《国家相册》视频

讲述人：陈小波　导演：郝方甲　徐壮志　撰稿：赵丹丹　王建　柳王敏　后期统筹：曹晓丽

第十二篇

不变的温暖

▲ 1959 年 12 月，北京市王家园煤球场大搞技术革新，工人们用机器生产蜂窝煤。

- 新华社稿

蜂窝煤你一定认识。2016 年，它与北斗导航卫星、南京长江大桥等国家工程一起，获得了北京国际设计周经典设计荣誉提名奖。

蜂窝煤是怎么设计出来的?

靠煤取暖的年代里，如何把煤引燃和烧尽，是个大问题。引燃一次煤球，大约需要用 1 斤劈柴。光这一项，仅北京市一年就要用两亿多斤劈柴。人们对此习以为常，小煤商郭文德却动起了脑筋。

俗话说“人要实，火要虚”，他琢磨着要做一种“会透气的煤球”：把煤做成固定形状，穿几个洞，煤摞煤，眼对眼，不就好烧了嘛。

1949 年，蜂窝煤诞生了。郭文德推广蜂窝煤的办法也很新潮——在电影院里做广告。蜂窝煤好烧又好放，连报纸都刊发社论，专门推广蜂窝煤。有人测算，烧蜂窝煤后，郭文德每年能给北京省下约 30 万吨煤。

大街小巷，一堆堆蜂窝煤成了最常见的街景。走街串户，送煤上门的工人，就是那个时代冬天最重要的“外卖小哥”。

诗人闻一多之孙闻丹青，是著名摄影家，他的第一份工作，就是送煤。他回忆说：

> 大三九天，一车煤搬出去浑身都湿透了。有时候还需要把煤搬上楼，一背篼要装 100 斤煤。如果一次只背 50 斤，跑的次数就太多了，所以都背 100 斤。

计划经济年代里，煤炭凭票供应。为了买煤，人们常常半夜就跑到售煤点开始排队。要是一时没买到，从谁家借上几块蜂窝煤，是那个时代邻里往来的常事。

▶ 1959 年 12 月，北京市关厢煤柴厂技术组何太岐等三人制成的脚踏砸蜂窝煤机，两人操作，生产效率比手工操作提高一倍。

- 新华社稿

▲20 世纪 50 年代，山西省黎城县洪井村前锋农业生产合作社的托儿所看护员和孩子们在温暖的土炕上。

- 新华社稿 宋学广 摄

“温饱”两个字，“温”还要排在“饱”的前面。寒冬里，温暖总是和家、和亲情联系在一起的。

“一间屋子半间炕”，在北方，火炕是百姓家里常见的温暖之源。点上火，炕洞就是灶台；放上餐桌，炕面就是餐厅；铺上被子，就是最温暖的床。

在东北大炕上长大的杨晓东，聊起了自家的炕：

> 冬天非常冷，妈妈怕我们吃饭凉，她早上做了饭，就会从灶坑里扒拉一盆炭火出来，放在地中间，把早上炒的菜，白菜片啊，土豆丝啊，放在炭火上热。我们放学回到家里，一进门就能吃到热乎菜，感觉心里也是暖的。

在北方，火炕是生活，也是社交的舞台。邻里乡亲来串门，主人第一句话一定是：赶紧上炕暖和暖和。盘着腿，唠着嗑，叼着烟袋，唱着歌，炕头上，邻里乡亲你一言我一语地逗趣，就是今天东北二人转的原型。

◀1957 年 11 月，北京市海淀区西山农业社，李志英（右）和邻居小敏子一起坐在热炕上逗猫玩。
- 新华社记者 于澄建 摄

▶ 1958 年 12 月，河北省宁河县皂甸生产队 73 岁的韩宝贵坐在暖和的热炕头上看老伴儿缝被子。

- 新华社记者 盛果 摄

▲ 1982 年春节前夕，辽宁省营口县高坎公社文化中心业余剧团深入到军烈属家中慰问表演二人转传统剧目。冬季在炕头上听二人转是东北人的一大乐趣。

– 新华社记者 张小龙 摄

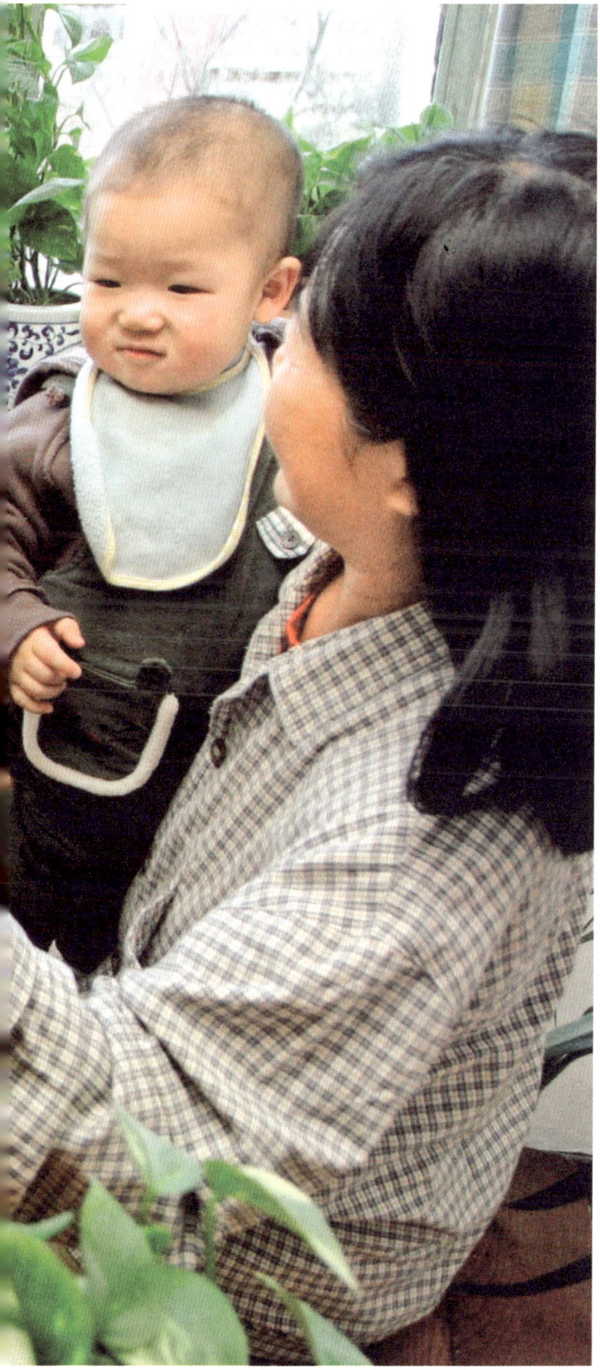

南方人怎么过冬？为了度过湿冷的冬天，许多南方人家会在屋子里放一个火盆，或者点上一堆火。孩子们提着小暖炉上学，能暖和小半天。教室里生着大火炉，同学们写字不用哈气暖手。在湖南宁乡，冬天搬了新家，来道喜的人还会送来一盆炭火，寓意“红红火火”。

改革开放，中国国力迅速发展。在城市里，污染严重的煤正逐步被油和气取代，集中供暖也越来越普遍。不管取暖的方式怎么变化，不变的，永远是家的温暖。

◀ 2008 年 12 月 21 日，天津市河西区滨水北里的石大爷和家人在温暖的住房内。
– 新华社记者 刘海峰 摄

▲2013 年 12 月，在甘肃省榆中县定远镇白家坪新农村，村民白文忠抱着孙子坐在自家利用“户用型生物质炊事采暖系统炉”进行加热的暖气旁。
- 新华社记者 张锰 摄

▲2014年11月5日，家住长春市和馨园小区的马玉贤女士在温暖的屋子里分拣豆子。长春供电公司自2010年起开始推行“电采暖”，既能入户安装也能对传统煤炭供热系统进行改造，这种清洁能源供暖方式正受到越来越多的市民的青睐。

- 新华社记者 王昊飞 摄

编者讲述

【陈小波 -《国家相册》微纪录片栏目讲述人】

这期《国家相册》和取暖有关，需要采访一个当年的送煤工。

我想起闻丹青——我 20 多年的好友。我记得他当过七八年煤场工人，蹬着板车，走街串巷送过蜂窝煤。一周前，我们一群友人聚会，和他敲定，接受采访。

现在很难想象，70 年代中期，中国美术馆后街那个送煤小哥，是著名诗人、学者、爱国民主人士闻一多之孙，著名画家闻立鹏之子。闻丹青说：送煤一身大汗，风一吹，棉袄常变成冰疙瘩。中午他要回到位于中央美术学院的家里吃饭，脏得上不了桌，但也来不及换衣服洗脸，家人只好给他准备一个专门的小木凳，坐在门口扒拉几口……

闻丹青后来做了《中国摄影》杂志总编，在业内素以学问深厚、良善厚朴、彬彬有礼、斯文低调著称。今天他说起北京的冬天、自己当送煤工的日子，坦言一切都是命运的安排。

采访口述

【郭春伏 蜂窝煤发明人郭文德之子】

“他想要做一个透气的煤球。”

我父亲在北京无意中看到，有人烧煤的时候用一些湿煤把炉眼封住，然后在上面插一个眼，这样第二天煤炉不灭，还能省煤。他受到启发，回到德州迅速开了一家煤炭店，他想要做一个“透气的煤球”。

当时面临两个问题：一个是模具，一个是配方。那时蜂窝煤不像现在是用掺土来黏合，而是用石灰。我父亲想了很多办法终于成功了，将其命名为“经济煤球”。

“你爸爸在电影里宣传蜂窝煤。”

蜂窝煤很快在德州推广开来了。我父亲还在电影院里面打广告，这在当时很新潮。广告片把经济煤球的好处、散煤的弊端进行比较，用现在话说就是很环保，轰动一时。

那时，我一说我父亲是谁，人们都知道，说你爸爸在电影里宣传蜂窝煤。

“没想到蜂窝煤能得大奖。”

我父亲的煤炭店叫“郭文德家庭工业社”，后来又改名叫“郭文德利民煤球厂”。

父亲2003年去世了，没想到在2016年，蜂窝煤与北斗导航卫星、南京长江大桥等国家工程一起，获得了北京国际设计周经典设计荣誉提名奖。听到这个消息，当时我感到很吃惊，没想到一个小小的蜂窝煤，能得到这个大奖。

这说明人们对它的认可，说明人们认可蜂窝煤对人民、对国家的贡献。我为我父亲感到自豪。

【闻丹青 诗人闻一多之孙】

“到了秋天，就进入了北京用煤的高峰。”

北京冬天呢，烧的主要是煤球和蜂窝煤这两种。家家户户都有煤炉子，取暖做饭都靠煤，煤铺都是国家专营。蜂窝煤的历史不长，蜂窝煤机是北京著名摄影师老焱若发明的，挺绝。

我之前在北京房山插队，1972年到了北京市东城区三商局景山煤场。秋天就进入了北京用煤高峰，我们就得加紧送煤，蹬着三轮车挨家挨户送。煤用竹筐装，一筐煤球50斤，一块二100斤；一筐蜂窝煤是50块，两分四一块。一般情况下，如果光做饭不取暖，蜂窝煤一个月用150块。

“大三九天，你一车煤搬出去浑身都湿透了。”

送煤是按月送的，一个送煤工包一条或者两条胡同。我们送煤，一车要拉1000斤，一天至少跑六趟，总共是6000斤。

拉着1000斤煤，上坡真的是特别特别吃力，但那会儿通常能遇到好人，帮你推一把。有时候还需要把煤背上楼，要爬到四楼五楼相当吃力。

（用什么样的筐背？）

是长方形的竹筐，用一根工业用的三角带，勒到筐上再勒到肩膀上，两筐摞着这么背。

那会儿刘伯承还住钱粮胡同，到了门口，警卫员就给搬进去了，最省劲。还有一家是军人，送煤到了他家，给你沏两杯茶，临走的时候还给根烟。

“变化那么快。”

70年代中期，北京就开始有罐装的煤气，我当时还赶上卖灶具，二十八块五一套。煤气罐不用你买，因为大部分居民掏不出二十八块钱来，所以还要签一个借条，向燃气公司“借”罐。

我们参加工作的时候，领导说：“煤是永远需要的。”谁想到变化那么快！

过去

书信车马慢

电报字如金

从“近处靠吼，远处靠走”

到“一机在手，天下我有”

通信工具日新月异

愿你在信息的洪流中

珍惜、享受每一次交流

扫这里
看《国家相册》视频

讲述人：陈小波　导演：郝方甲　撰稿：李俊义　曹阳　后期统筹：曹晓丽

第十三篇

我想对你讲

▲ 1960 年 3 月，山西省平陆县 61 个阶级弟兄恢复健康后合影留念。
- 新华社记者 张瑞华 摄

1960 年 2 月 2 日，山西省平陆县 61 位修路民工食物中毒，急需一种名为二硫基丙醇的特效药。

平陆有三千多条沟、两百多座山，沟壑纵横，路极难走。你眼睁睁看着村子就在对面，可是上山下沟过去就得几个小时。附近城市都没有这种药，平陆县委书记咬咬牙：“给北京打电话！”

时任平陆县委秘书处秘书的张明亮，当时负责打电话。“我一生没有打过那么多电话，也没像那么急。呼噜呼噜半天叫不通。书记着急得不行：怎么还联系不到？”

终于，北京药店的电话接通了，张明亮在电话里喊：“我是山西平陆，急需二硫基丙醇！”药店说：“有！”

抢救窗口期只有几十个小时，药在北京，怎么办？接着打电话，找飞机！ 61 条命都指望这部电话了。

第二天深夜，一架空军飞机从北京直飞平陆，空投下一只装满二硫基丙醇的木箱，中毒民工得救了。

▲20 世纪 50 年代初，北京市王府井大街新华书店的营业员在用电话与顾客联系。

- 新闻摄影局 葛力群 摄

▲ 1958 年 7 月 7 日，北京市东四邮电局职工常秀珍（左）、赵静宜（中）正在向电信小组营业员夏际安（右）学习电信营业。

- 新华社记者 盛继润、张萍 摄

人民文
信箱

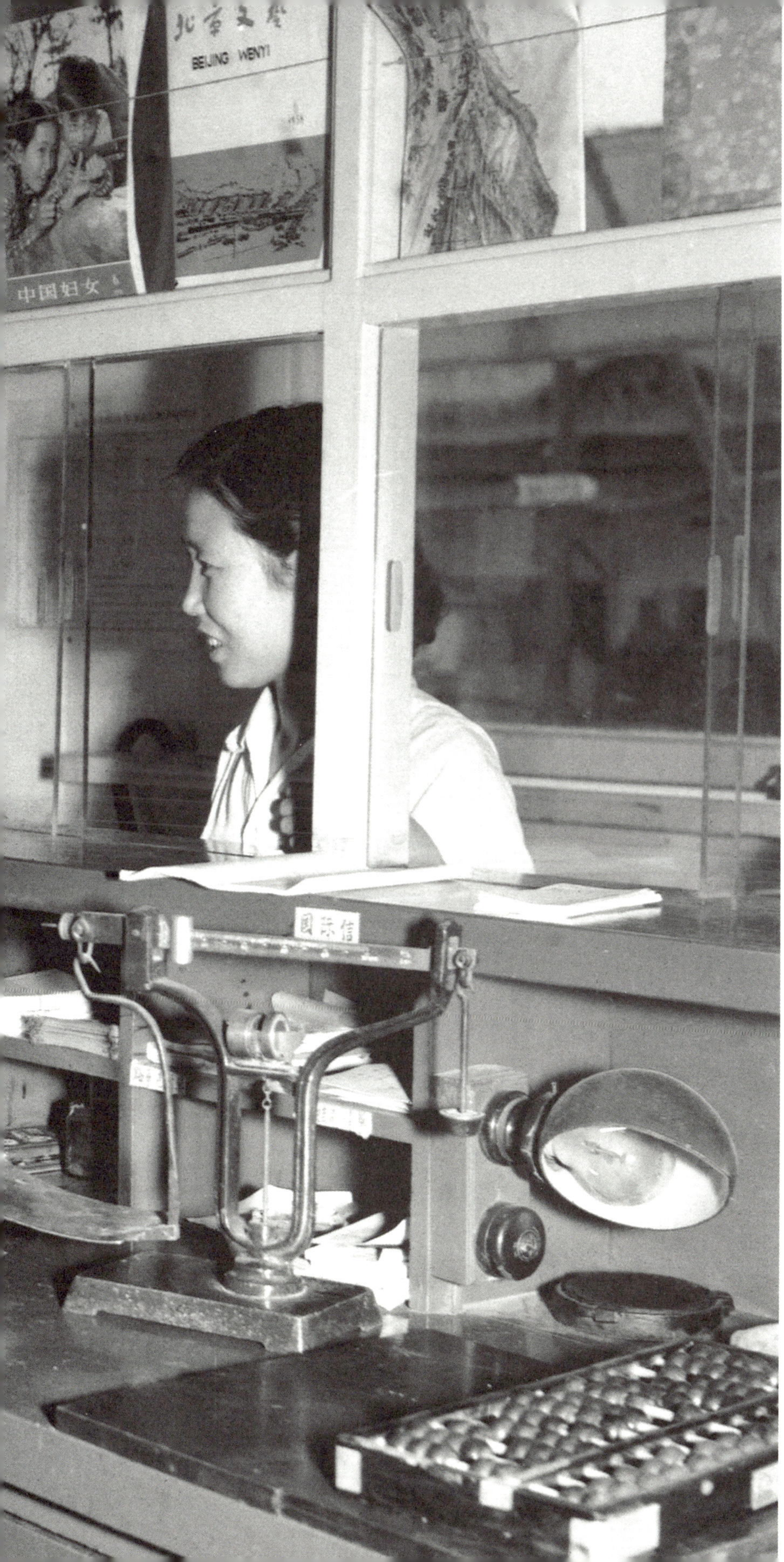

◀ 1958 年 7 月 7 日，北京市西四邮电局马市桥邮亭营业员正在代顾客用电话传送电报。
— 新华社记者 张萍 摄

▲ 1959 年 5 月 18 日，北京市东四邮电局的营业员主动为讲不好普通话的顾客代打长途电话。

– 新华社稿

一部电话成了救命的关键。不过那时电话远未普及，普通人还是靠写信。信纸密密麻麻写满，塞进薄薄的信封里，贴上邮票，投进邮箱，就寄走了一份情意，接下来就是望眼欲穿的等待。

如果有大事急事，也可以拍电报。“平安”“速归”都是电报高频词，人们常说，“电报电报，不是哭就是笑”。

1976 年夏天，唐山大地震震惊世界，北京、天津一带震感强烈，震区通信完全中断。人们涌向电报局，给亲人朋友发电报，直接导致了电报大拥堵。

原北京电报大楼国际值班长贾锡刚，谈起地震后电报局的状况时说：“你发一封电报，对方要回一封电报，几十万张、几百万张、上千万张电报一下子出来，你想想什么感觉？！”

电报线路有限，来不及传的电报怎么办？北京的报务员们把多出来的电报按地区分类，派人骑摩托车直接送到收信地邮局。“电”报变成了“人”报，亲人平安的消息，早一分钟送到，就少一分钟心急如焚。

► 1956 年，江西省遂川县卜村农业社的谢永菖（右）写信给当兵的儿子，告诉他早稻丰收的消息。

– 新华社稿 万朗庭 摄

◀ 1960 年 1 月 13 日，辽宁省沈阳市邮电局电报室试制成功了一台专供传送电报用的自动化输报带，实现了电报在局内传递自动化。
- 新华社记者 于肇、朱瑛 摄

怎样书写电报

◀ 1962 年 9 月 5 日，北京市东四邮电局夜班营业员李慧清（左）在为一位从陕西临潼来京的远客办理发报手续。

－新华社稿

▲ 1994 年 12 月 9 日，上海邮电大厅内申请安装电话的市民络绎不绝。 每安装一部电话需花费人民币近 4000 元。

- 新华社记者 张明 摄

1978 年，我国固定电话普及率只有 0.43%，在电话大楼前带着饭排队打电话成了一景。

和写信、发电报比起来，打电话，特别是长途电话，是件奢侈事，话费要按距离远近收，直到 80 年代后期，2000 公里以上的长途电话还要每分钟 1.2 元，几乎和现在的国际长途价格差不多。

1990 年，北京的电话初装费是每部 5000 多元，即便交了钱，也要排队等上几个月，甚至一两年。

▲ 1993 年 3 月 6 日，北京高校毕业生供需双向选择大会吸引了数以万计的应届毕业生和学生家长。清晨会场刚刚放行，一个用人单位的工作人员就用无线电话与总部联系。

- 新华社记者 李明放 摄

电话热的背后，是人们的交流热情：我想找到你。我要和你说话。我想立刻和你说上话。

似乎就在一夜之间，家家都装上了电话。城市街头还出现了各种新式公用电话，投币的、磁卡的。

但电话毕竟不能随身携带，寻呼机，也叫 BP 机，应运而生。“有事 call 我”，成了一段时期的常用语。

普通人腰间别起了寻呼机，更有钱的人则用上了“大哥大”。随着 90 年代的下海热，生意人几乎人手一部。你听这名字，“大哥大”，它不仅仅是通信工具，更成为富贵的象征。

1992 年，沈阳市一名企业家，用 25.8 万元买了一个“大哥大”的吉利号“908888”。用了不到 10 年，2001 年 6 月，模拟移动电话网关闭，这个“靓号”和“大哥大”一起，成为了历史名词。

▲1983 年 4 月，山东省牟平县西关大队已经有 117 户社员在家里安上了电话。

- 新华社记者 李锦 摄

▲ 1990 年 8 月，第十一届亚运会亚运村新闻中心设置的国际、国内直拨电话及电传、电脑查询终端等现代化办公设施，可以满足中外记者的新闻发稿需求。

- 新华社记者 王呈选 摄

国际国内
长途直拨

▼ 1992 年 7 月 1 日，北京街头新建的一批可以直拨国际、国内长途电话的公用电话亭开始启用。—新华社记者 宋晓刚 摄

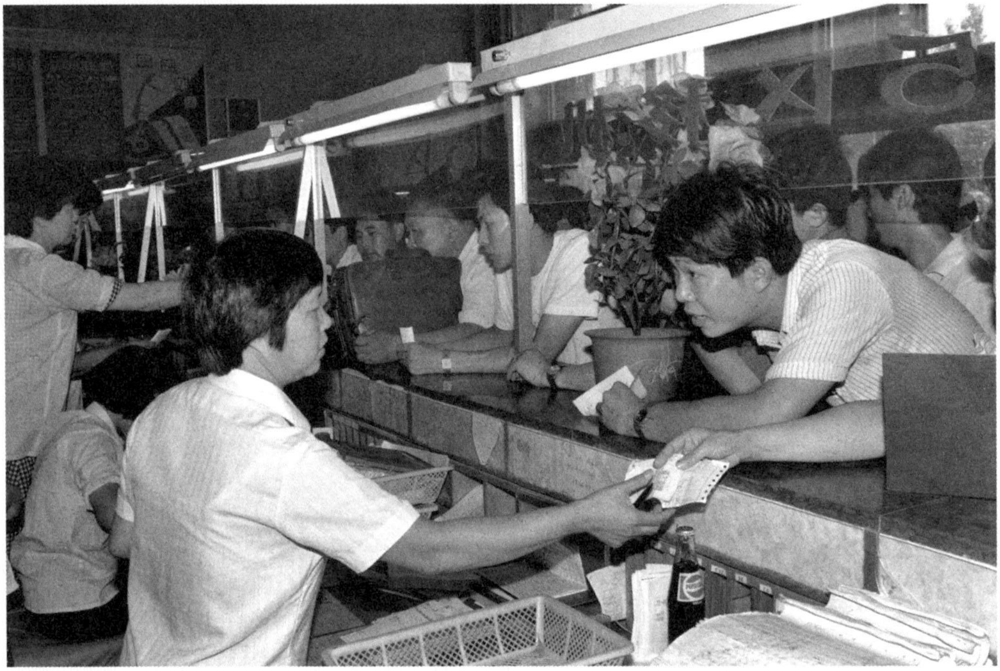

▲ 1991 年 7 月 25 日，北京市市内电话局开始向居民公开放号，以增加人们关心的安装电话问题的透明度。这次放号涉及市内 11 个电话行政分局、44 个局号的 20000 余户居民。这是市内电话局东单营业厅的工作人员冒着酷暑进行放号工作。

- 新华社记者 刘卫兵 摄

► 1993 年 11 月 8 日，美国电报电话公司与天津市邮电局举办免费直拨美国中文台，在美国寻友传情活动。200 多位天津市民与在美国的亲朋好友通了话。这是一位市民在等候服务员接通电话。

- 新华社记者 马平 摄

20年间，手机越来越轻便，功能越来越多，从单一的通话工具转变为集通信、互联、娱乐、购物等功能于一体的超级工具。从1988年到2018年，我国手机用户增长到14.1亿。想找谁，手指一点就能连通。

通信效率高了，你表达的感情更多了吗？

沟通手段多了，你和朋友交心的时刻也更多了吗？

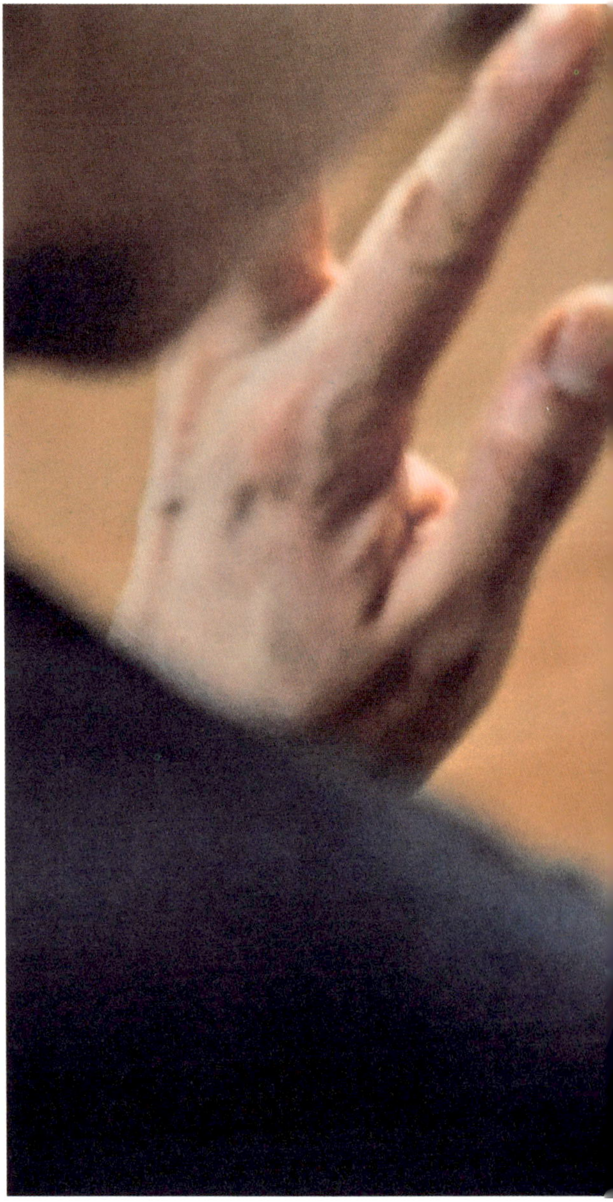

▶ 2018年2月，正在韩国平昌冬奥会实习的北京冬奥组委会工作人员朱娜和北京家里的儿子视频通话。

– 新华社记者 王昊飞 摄

▲ 2013 年 10 月 13 日，云南大理古城一家客栈里，店主乔安正在跟订房的客人聊微信并将客栈地址分享给客人。从语音通话到视频通话，从“摇一摇”到朋友圈，从开放公众平台到移动支付，微信正在一步一步地实现它是“一种生活方式”的愿景。新技术革命的洪流之下，我们无法预测微信或者任何手机应用的明天如何，但是我们每个人都能感觉到，一个线上线下虚实融合的时代已经在慢慢到来。

- 新华社记者 王婧嫱 摄

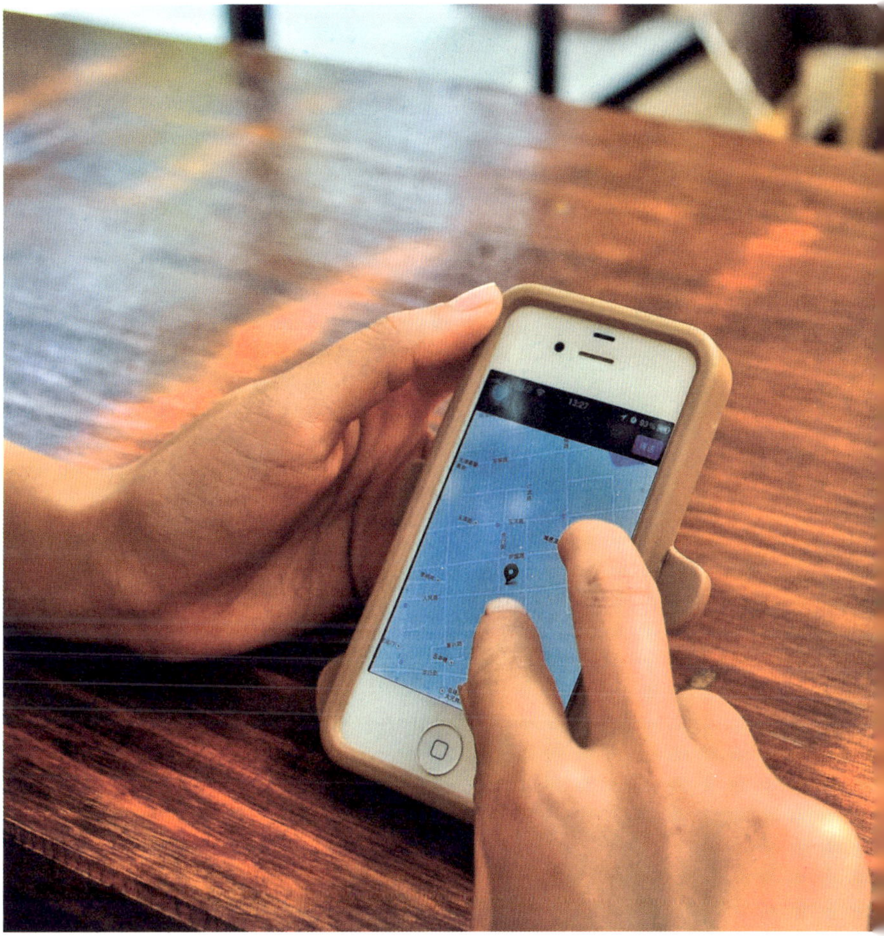

▲2016 年 8 月，人们在浙江省杭州市一小区阳台上用手机拍摄钱江新城夜景。

– 新华社记者 王建华 摄

编者讲述

【郝方甲 -《国家相册》微纪录片栏目导演】

通信变迁的题目，是我们从《国家相册》创作集训营带回来的题。那天大家策划热情高涨，抢着发言，我出去了一下，河北分社李俊义老师跟出来，一句客套话都没有，上来就说：方甲，通信工具变化你做不做？

啊呀，这是个好题目！

进屋一说，柯勇也很兴奋。当即请俊义老师牵头，带着山西分社年轻的摄影记者曹阳，一老一小立刻动手开始。

聊起通信工具变迁，谁都有一肚子故事，但兜兜转转，一直没有找到适合的主故事。人人有故事，但都缺少那么点戏剧性和代表性，这是改革开放系列节目中，时常困扰我们的问题。

所以为了这个故事，我们拖了很久。撰稿者们表现出了超强的韧性，山西、北京、河北、辽宁多地同时展开采访，一个不精彩，就立刻找下一个，再下一个，又下一个……

突然（每当遇到瓶颈，我们可爱的团队总会让“突然”发生），壮志提起从前的语文课文《为了六十一个阶级弟兄》，说里面是不是有个打电话的情节？

曹阳立刻带着人，往事发地山西平陆赶，采访结果出乎意料地好。一部电话救了六十一条命之所以影响那么大，是因为这是那个“车、马、邮件都慢”的时代的奇迹。

日常靠写信，急事拍电报，你想说的话要在路上慢悠悠地走好久。“我想找到你”“我要和你说话”“我想立刻和你说上话”，凭着这样的念头，人们发明了电话、BP 机、大哥大……手机越来越先进，成了几乎万能的超级工具，但人也绑在了手机上。从前再是等回信，也知道路上总要几天，除了默默等待，别无他法。而现在的人，对答复速度的要求高得不讲理，一会儿找不到就觉得对方“失联”，电话若不在身边几乎像丢了半条命。

木心有一首诗叫作《从前慢》：

记得早先少年时
大家诚诚恳恳
说一句 是一句

清早上火车站
长街黑暗无行人
卖豆浆的小店冒着热气

从前的日色变得慢
车，马，邮件都慢
一生只够爱一个人

从前的锁也好看
钥匙精美有样子
你锁了 人家就懂了

我们怀念“从前慢”，怀念的不是通信的低效、简陋，而是“慢”中的安静和诚恳，是珍惜每一个交流的机会，是书信电报里的每一个字都好好写，细细看。

现在呢？通信手段多了，交心的时刻也多了吗？

采访口述

【贾锡刚 原北京电报大楼国际值班长（代号“815”）】

“最快的通信手段就是电报。”

那个时候不是每个家庭都有电话，对老百姓来说，最快的通信手段就是电报。只要你有通信地址，我们就可以发电报。电报会在规定时间内送到收信人手里。

“我的代号是‘815’。”

我们报务员之间是有代号的，我当时是通信值班长，代号是“815”。夜里，值班长要履行全国通信的处理意见，很光荣，也很艰巨。

不管是电报沟通还是电话沟通，都要报自己的代号，作为一种凭证。很多人都知道我的代号，但并不知道我的名字。

作为报务员，一要有责任心，二要有时间观念。因为电报是有等级的。最快的等级要在电报旁边贴一个黄色的条，比如气象电报或者有关人命安全的电报。贴个红条，就是加急电报。贴蓝条，就是国际政务电报，就要求我们只能看、不能说，这是一个国家的通信纪律。

“参与了国家重大事件的传递工作，非常光荣。”

有件事情我至今记忆犹新。那次是，台湾的蒋经国先生去世了——那时，大陆和台湾没有通信联系，想发电报也发不出去。但我们的外交部发了一份署名邓颖超的唁电，这份电报，止好交给了我。

这封电报怎么发呢？要通过好多个国家中转。让我意外的是，这份电报居然没有被退回来，第二天报纸就登出来了。

后记

新华社《国家相册》栏目组

新华社中国照片档案馆被称为“历史影像秘境”，保存着超过 1000 万幅照片。

2016 年夏，在围绕这些老照片讲述中国共产党 95 年历史的微电影《红色气质》获得巨大成功之后，何平总编辑提出，继续开掘这个宝藏，以一种前所未有的影像方式讲述百年国史。那年 9 月 2 日，新华社《国家相册》微纪录片栏目诞生了，每周推出一期，这一推就是 100 期，是为第一季。

两年来，《国家相册》让 5000 余幅曾经沉睡的经典历史影像“活”了起来，在历史记忆与今人感受中寻找契合点，力图唤醒更多人与历史沟通的能力。而今我们从中选出以改革开放为题的最具代表性的 13 期，化视频为图书，为改革开放 40 周年献上一份独特的纪念。

摄影是为保存历史中最生动、最细节的部分而存在的。历史被收进底片，经过漫长岁月，因着《国家相册》，这些被刻上时代印记的影像再一次进入人们的视野。

感谢拍摄这些照片的摄影记者们，他们深入到历史的现场，用镜头记录风云岁月，留下百年中国相对完整和权威的影像。今天，他们拍摄的很多影像已成为珍贵文献，被历史继续定义，并被一遍遍反复使用。

感谢守护这些影像的一代代档案工作者，他们日复一日地与照片默默相对，收集、分类、整理、提供。他们几十年只做了一件事——照片档案一张不能少、一张不能损。近 30 年来对照片档案的现代化管理，又为研究者和梳理者提供了极大方便。

感谢参与《国家相册》撰稿的新华社 130 余位杰出的记者，他们情感丰沛、见微知著，怀揣使命情怀，为挖掘隐藏在影像背后的价值呕心沥血。每集文稿1000多字，撰稿者往往要改动十几稿，有一集撰稿者甚至改了42稿！

感谢年轻的后期制作团队（大多是90后），他们在最好的年华走进《国家相册》，由“术”至“道”，由浅入深，从特效制作到渐渐读懂影像中的文化与历史……

感谢《国家相册》的诸位策划者和把关人，是他们的思想和创意为栏目的发展指明了路径。对这些每期时长不过五六分钟的小片子，在选题、粗片、成片等几个关键环节，栏目总策划何平同志都要亲自审阅。白林、汪金福、刘洁等策划人则以近乎严苛的编审要求，逐篇审改，保证了短片的品质。

感谢《国家相册》制片人田舒斌、联合出品人储学军，他们的鼎力支持为栏目的成功提供了有力的保障。

感谢真诚热情、精益求精的商务印书馆总编辑周洪波和责任编辑柯湘，感谢他们和编辑、设计团队一道，将13部微纪录片变成了一本美好的图文书。

《国家相册》每一集，都是一次对历史的回眸；对历史的每一次回眸，都是为了寻找向前的力量。

2018年11月

《国家相册——改革开放四十年的家国记忆》

主编　白林

编委　汪金福　刘洁　田舒斌
　　　储学军　兰红光

执行主编　李柯勇　郝方甲　陈小波

责任编辑　柯湘

图文编辑　李明　王贞　曹晓丽
　　　　　胡玥聪　蔡毅　唐京伟
　　　　　商谦　吴寒　蔡潇潇
　　　　　熊伟

统筹　徐壮志　孙玉遐

装帧设计　今亮后声 HOPESOUND pankouyugui@163.com

图书在版编目（CIP）数据

国家相册：改革开放四十年的家国记忆：典藏版 / 新华社《国家相册》栏目组编．—北京：商务印书馆，2018（2019.4 重印）

ISBN 978-7-100-16758-1

Ⅰ.①国…　Ⅱ.①新…　Ⅲ.①改革开放—成就—中国　Ⅳ.①D619

中国版本图书馆 CIP 数据核字（2018）第 240866 号

国家相册

改革开放四十年的家国记忆（典藏版）

新华社《国家相册》栏目组　编

商 务 印 书 馆 出 版

（北京王府井大街36号　邮政编码100710）

商 务 印 书 馆 发 行

北京新华印刷有限公司印刷

ISBN 978-7-100-16758-1

2018 年 11 月第 1 版　　开本 787×1092　1/16

2019 年 4 月北京第 4 次印刷　　印张 $22\frac{1}{2}$

定价：99.00 元

CHINA
ALBUM